金川詩草一百首鑑賞

總審訂　羅宗濤

主編　鄭文惠

陳黃金川　原著

圖一：一九二一年留日期間全家合攝於東京，時原著者十四歲。左起：原著者黃金川、二哥黃朝碧、母親黃蔡寅女士、大哥黃朝琴。

圖二：一九二六年攝於臺南，時原著者十九歲。

圖三：一九三九年攝於高雄，時原著者三十二歲。

圖四：一九五〇年攝於高雄苓雅寮自宅的全家福照。時原著者四十三歲。前排左起：五男陳田稻、夫婿陳啓清、三女陳麗霞、原著者陳黃金川、長女陳秋蟾、六男陳田民。後排左起：長男陳田錨、三男陳田慶、次男陳田垣、次女陳綺霞。

圖五：一九九七年原著者五男陳田稻先生與編纂委員合影。前排左起：侯迺慧教授、廖一瑾教授、總審訂羅宗濤教授、陳田稻先生、鍾慧玲教授、涂豔秋教授。後排左起：吳彩娥教授、胡幼峯教授、蔡榮婷教授、許俊雅教授、蕭麗華教授、主編鄭文惠教授。

黃金川女士詩草

宗國遺音

胡適題

胡適

故國有懷
清流如舊

以集中有清流長作萬時聲之句因集曹全碑字題之 漢武

《金川詩草百首鑑賞》序

別來無日不思親！

這是黃金川女史于歸陳家後思念母親的詩句，箇中飽含著濃郁的孺慕之情。這濃郁的親情，又在陳家擴散開來，綿延下來。

一九九〇年十月，金川女史以八四遐齡逝世以後，子女深懷風木之悲，乃整理遺篇，以誌永感，於是以一九三〇年上海中華書局出版的少女時代作品二四〇首《金川詩草》爲正集，婚後一一九首爲續集，合爲一冊，仍沿用《金川詩草》之名，於一九九一年由陳啓清先生慈善基金會印行。翌年，中央研究院中國文哲研究所收入《中國文哲專刊》之中。一九九三年基金會又結集了各界紀念文章，以及子女思親諸作爲《靜對遙峯——閨秀詩人金川女士紀念集》，蓋摘取女史「黃昏浴罷閒無事，靜對遙峯寫晚晴」句爲題。

現在，女史過世已經七個年頭了；然而，孝子不匱，子女深盼母親留下的瑤章能普及當世，流傳久遠，因選詩百篇，延請各大學中女性文學博士十人，每位各註釋、賞析十篇，由女史五男陳田稻先生握管題曰：《金川詩草百首鑑賞》，由聲譽卓著之文史哲出版社付梓。

執筆的十位文學博士是：

吳彩娥博士（彰化師範大學）　胡幼峯博士（輔仁大學）
侯迺慧博士（中興大學）　涂豔秋博士（中正大學）
許俊雅博士（臺灣師範大學）　廖一瑾博士（文化大學）
鄭文惠博士（政治大學）　蔡榮婷博士（中正大學）
蕭麗華博士（臺灣大學）　鍾慧玲博士（東海大學）

廖一瑾博士和許俊雅博士都是研究臺灣文學的專家，曾分別從《臺灣詩薈》與《瀛洲詩集》中輯出女史的若干逸詩；吳彩娥、胡幼峯、蕭麗華三位博士都是浸淫詩學多年的學者，鍾慧玲博士對清代女詩人曾作全面而深入的探究；侯迺慧博士研究園林文學；涂豔秋博士研究佛學；蔡榮婷博士就佛學、語言學與詩學加以會通，鄭文惠博士則多致力於探討詩畫之間的互動關係。十位文學博士各有專精，她們各挾利器來詮釋各首詩的境界；但她們都有一共同基礎，就是她們都以一個女性的心情來體貼一位前輩女詩人的心情。藉由她們的闡發，金川女史的一懷幽緒，將能悠悠擴散，沁入讀者的心脾。

近年來女性主義風行，美國女性主義者強調「雙重空間」，認爲一個成功女作家必備的心理條件是她既需要個人的孤獨感，同時也需要有情感的聯繫性。倘若以此原則來檢視女史的詩作，我們就不難理解她創作成功的緣由。試讀《詩草》，讀者很容易感受字裏行間瀰漫著的孤獨感，如「獨捲珠簾望遠空，一聲新雁寄樓東。」（〈秋感〉三首之三）、「擣碎秋心人在否？江邊有客獨迴腸。」（〈砧聲〉三首之二）、「孤村日暮寂無譁，傍水疎籬繞徑斜。」（〈村居〉）、「漠漠春雲鎖玉欄，東風微暖又微寒。」（〈春陰〉）、「沈沈小院綠芭蕉，蝴蝶簾櫳晝寂寥。」（〈夏日雜詠三十韻〉三十首之十七）……她在孤獨中面對自己，才能進而自覺地從事創作。然而，她絕未與世隔絕。對於母親、兄長、老師、朋友，乃至社會大衆、古聖先賢，她都懷著深切的關愛與虔誠的景仰；對於家園、故國，她時時夢魂縈繞；對於天地自然，她莫不好之樂之。從小樓一角，她擴散出溫煦的感情，與外界密切聯繫。詩人的確成功地營造了創作的雙重空間。

女史又雅愛畫梅，常即興揮灑於團扇，隨興送人。是以此書以畫梅爲封面，象徵女史的高格勝韻。最後，請借女史〈紅梅〉詩爲茲篇結，詩云：

疑杏疑桃兩未眞，臉霞映雪豔無塵。
東皇別具司花眼，第一濃粧第一春。

一九九七年四月**羅宗濤**序於政治大學中文系

《金川詩草百首鑑賞》序

金川女史一九〇七年出生於臺南鹽水港。周歲失怙，與母親蔡寅及朝琴、朝碧兩兄長相互依持，幼年即承傳自母親對文學的愛好，後隨兄長負笈日本，十八歲自精華高等女校畢業後返臺，師從當時最負盛名的「捲濤閣」主人施天鶴專攻漢學、詩文。施天鶴〈黃金川女士詩草序〉謂其「初學作文，便明晰可喜。……不數月，詩思泉湧。」後更「壇坫蜚聲，人莫不謂巾幗中之錚錚者矣。」女史二十三歲與高雄商界聞人陳啓清先生結婚後，即長住高雄。相夫教子之餘，亦續有詩作，夙有「三台才女」之稱。

女史《金川詩草》一書，先後已出版三次。第一版於一九三〇年六月，由上海中華書局排印出版，共收錄女史十八歲至二十三歲少女時期的詩作二四〇首，胡適之先生曾手題「宗國遺音」，以示褒揚。一九八一年三月高雄鴻銘行彩色印刷廠曾據以影印過一次。第二版於一九九一年十月由陳啓清先生慈善基金會出版，除婚前作品外，又收錄女史婚後的詩作一一九首。卷末附有林荊南與黃俊傑二位先生對女史詩作的評價。第三版於一九九二年十月，由中央研究院中國文哲研究所出版，改題書名爲《正續合編金川詩草》，用以清楚區隔女史婚前、婚後之作。女史也是該所《中國文哲專刊》收錄文哲界前輩古典詩歌作品的第一人。

本書從《正續合編金川詩草》《正集》二四〇首詩中精選七十一首，《續集》一一九首詩中精選二九首，合計一百首。先閱讀、比較女史詩作，並參酌近人對女史詩作的評價，再精挑細選出佳篇偉構。舉凡聲律精切、措詞優美蘊藉；寫景入微，情韻細膩幽遠；感時寄懷，流注現實關懷；持志高潔，顯見孤標節操；構思高妙，風格典雅卓立等，均爲主要選錄的標準。本書爲求呈現女史豐富而多元的詩風，難免有遺珠之憾，因此，內涵及風格相近而未見選錄者，作者於鑑賞文字中亦多有論及並予以分析比較，讀者可參閱之。本書正文編排依序爲原詩、註釋、鑑賞三部分。所鑑賞的詩作，不須註釋者，則略之。遇生僻字詞，則酌加註釋。原則上採用一首詩一篇鑑賞文字的方式，少數難以分割的組詩或唱和酬贈之作，則合併鑑賞之。鑑賞以作品的創作背景、情意內涵與藝術風格等爲主。編纂工作由羅宗濤教授總其事，延請國內十位研究古典詩歌的女博士，分別就女史的詩作進行分析。書後附錄〈詩人和她的時代〉，由許俊雅教授編寫。共分爲「生平與作品」、「歷史」、「藝術與文化」三單元，俾便讀者清晰掌握詩人與時代互動的關係。

金川女史思力精敏，情感細膩，對古典詩歌浸漬涵養既深且廣，加上豐富的遊歷經驗，故其詩作意蘊豐美深永，饒富多元風格。綜觀女史詩作，以近體詩居多，尤以七絕爲多，其次爲七律；古體詩及五言詩較少。王竹脩〈金川詩草序〉云其五七言律絕，能超脫香奩之外，絕無半點脂粉氣；長短歌行，具俳夏沈雄之氣魄。詠史懷古諸作，落落大方，隱寓鬱勃悲涼之氣。林荊南〈三台才女黃金川的詩〉云其詩深具《離騷》淒楚、憂鬱、獨往的藝術風格與內涵，而其清綺婉麗之詩風，更見詞化特徵。女史詩作內涵，除呈現出一種內在自足又卓然超世的生命情境外，亦時常流露出深切悲惋的家國感懷。詩中人與自然、自我與群體、家國與鄉梓，仿如連結成一條生命長鏈，緊密相繫而相互依存。凡此，均可見出詩人與自然人事同生共感的情懷，而其詩中對近代臺灣地區地理與人文景觀變遷的描繪，也顯得彌足珍貴。誠如中央研究院文哲所《正續合編金川詩草》出版前言云：「《金川詩草》不但反映黃女士個人生活的世界，更在日據時代艱難險巇的環境中，保存傳統詩學的一線命脈。」不僅「具有詩學的藝術價值，也兼有不凡的時代意義。」張水波〈題詞〉亦給予「孤高風揚發正聲」的高度評價。可見金川女史詩作深具藝術價值與時代意義。

鑑賞本身就是一種藝術，與創作實具共感的心靈與相同的價值。鑑賞家是學者與藝術家的化合（李健吾《咀華集·序一》），鑑賞家以豐厚的學識及敏銳的情思，揭示作品的創構規律及藝術意蘊，使創作與鑑賞得以相生而相發。然而，作品是一個開放的文本，不同的讀者，各依其不同的生命體驗與知識涵養，得以賦予作品新的生命，故本書之編，尤希望讀者透過詩歌作品與鑑賞文字的閱讀，也能進入詩人的情感世界，共同享用詩的藝術饗宴。

一九九七年四月**鄭文惠**序於政治大學中文系

金川詩草百首鑑賞 目次

續　集

附錄

正集

重遊關子嶺①

二首之一

一別悠悠隔四年，重來探勝上高巔。
塔山翠黛遙連霧，枕嶺清光近接天。
夜雨添泉驚客夢，殘蟬抱葉咽秋煙。
何須更覓長生法，得住斯鄉便是僊。

之二

神火靈泉②久擅名，關花嶺蝶亦多情。
移開雲腳千林現，瘦盡山容一鳥鳴。
秋草獨留新歲色，清流長作舊時聲。

黃昏浴罷閒無事，靜對遙峰寫晚晴。

【註釋】

①關子嶺：位於臺南縣白河鎮，海拔高度約二七〇公尺。山容靈秀，花木繁茂，景致清雅宜人。

②神火靈泉：關子嶺爲一溫泉區，泉水自岩縫中湧出，稍帶硫磺味，相傳對各種皮膚病具功效。西南方水火洞有「水火同源」勝景，是因天然氣隨地下水自岩壁溢出，經點燃而形成水火同源的景象。是關子嶺意象的代表。

【鑑賞】

〈重遊關子嶺〉詩一組二首，意蘊豐富而深長。不僅呈現金川女史觀景覽勝與自然冥合的高雅情懷與生命靈境，更隱微透顯詩人對家國感懷的深切之情。革命元勳胡漢民先生十分推崇其中「秋草獨留新歲色，清流長作舊時聲」一聯，曾題贈「故國有懷，清流如舊」八字，以示褒揚。

中國詩人向好遊覽山川，詩人對自然山水的摯愛，往往置根於對生命本身的眷戀。山光水影，風卷雲舒是自然實景的演出，也是詩人心境的映現。詩人將自我生命潛入於回環往復的自然律動中，以滋潤生命的光華；而流連於天地擺設的絕美饗宴時，更逐漸淘洗出生命的純度，由此而宇宙生命與詩人的情感不再孤懸隔絕。在渾融的物我感發中，詩人將經驗世界心靈化，而得以超越生命的困頓與缺憾，從中獲得豐足的生命情致。

金川女史出身在優渥而開通的家庭，雖年幼失怙，但在識見恢宏的母親蔡寅女史薰陶、培植下，黛綠年少已然茁長成一位精通翰墨、遍覽勝地的閨秀名媛。

金川女史足跡遍及全台各地的名勝古蹟，如台南關子嶺、赤嵌城；高雄壽山；嘉義阿里山及台北、基隆等地。十餘歲奉母隨兄負笈東瀛，日本名城如東京、大阪、橫濱、名古屋等均曾留下芳蹤；民國二十四年之頃，又隨母親前往上海，與即將擔任中國駐舊金山總領事的長兄黃朝琴相會，並順遊杭州。豐富的遊歷經驗，不但開拓了女史的人生視野，更大大增長其閱歷。因此，女史以具深度和廣度的人生體驗與豐富的遊歷經驗，形諸於筆下，便別有一番況味。即使遊覽名勝，留題紀念，亦多能以敏銳而細膩的詩人之眼，挹取宇宙自然幽微而深邃的信息，展現出一種「婉婉自然，聰穎天授」（蔡哲人〈金川詩草序〉）的資質與韻致。

〈重遊關子嶺〉之一，首聯先點明與關子嶺二度對話的深情。「一別悠悠隔四年」，引出女史「初程」與「重探」的連類對比的經驗。今昔時空的反差與憾隔，使得登上高巔，重來探勝的遊歷經驗如夢似幻。今昔綰結，眞幻交映的時空場景，隱微呈現出女史對自然山水的一往情深。人與自然彷若好友對晤，契合無間。

頷聯全以實景造設，塔山翠黛綿延起伏，隱現於蒼茫煙霧之中；枕嶺清光，近與遠天接連一色。山光滴翠，氤氳瀰漫，神游其間，彷彿飄浮在一層幽祕而深微的紗幃上，與頸聯「客夢」、「秋煙」之恍惚迷離，情境如一。一夜秋雨，靈泉湧添流注，驚擾客游之夢，而客夢在殘蟬抱葉哀咽的秋煙背景下，益增旅人的孤寂與深情。女史〈秋蟬〉詩云：「自從西陸歸來後，故國傷心咽落霞」。〈夏日雜詠三十韻〉第廿七首云：「殘蟬底事多情甚，獨向枝頭作苦吟」。殘蟬苦吟哀咽，在女史眼中是一種傷懷「故國」且「多情甚」的情感象徵。可見，秋蟬幽咽，淒斷欲絕的符碼，除代表女史對自我生命的戀眷與執著外，也見其對家國之憂的悲切感懷。

頷、頸二聯在煙霧浮空，清光映天的山水場景下，帶出夜雨殘蟬之音，女史交融了視覺與聽覺的感官經驗，把旅人「客夢」的「幻思」與「醒覺」交映迭現。彷彿天地逆旅中的孤客，也隨著煙霧飄浮盤騰，隨著清光遙接高天，隨著夜雨泉湧情現，隨著殘蟬抱葉咽吟，共作生命的流動與淘洗，最後得以憬悟自然的妙境與生命的情致，而生發出一種最純粹的人生風姿。於是，末聯綰結出自我心靈與自然山水交流感發、兩相涵攝的經驗。女史最終感悟到山水之鄉是足以安身立命之所，臥遊山水勝地，猶如置身仙境，根本無須追求長生不老之道。至此，心靈與自然冥會化合，而仙凡懸隔的不同境界，也自在言表。

〈重遊關子嶺〉之二，首聯先突顯關子嶺名勝中足堪代表的景致。「神火靈泉」及「關花嶺蝶」亦見諸女史〈關子嶺雜詠〉詩中，如其二云：「晚風嫋嫋月盈盈，一枕寒泉入夢清。最是年來煙景好，更添神火夜雙明。」其六云：「花影參差蝶影繁，避塵人到誤桃源。濁清好是同靈水，流出山來判冷溫。」流連於「神火靈泉」的山水勝景中，花影參差，蝶舞翩飛，在女史的眼中，都化爲「多情」之物。彷彿自然萬物的靈動有情，都浸潤到女史的內在心靈，人與物因而共相流轉，連翩起舞，生命之流，生生不已。

頷、頸二聯，女史將寫景與抒情融爲一體，「以境寫人」的烘托手法，使詩意深有托寓，饒富情蘊。頷聯二句，縱擒開合，很見經營。「移開雲腳千林現」一句，呈現出一派明淨豁朗的境界，然而，下句女史卻隨即轉筆擒束於「瘦盡山容一鳥鳴」之景。景致的清癯幽寂，正應和出女史寂寞而獨往的情懷。尤其頸聯二句對仗，更顯出其作詩的才情與功力。秋草獨留新歲之色，清流亦恆作舊時之聲，一種情感深處的幽邃執著，流漾於文字之外。律詩頷、頸二聯兩兩相對的工整性，往往使詩人習慣將其經驗世界中的生命情感精鍊地鑲嵌融鑄在對句景象的創構中。因此，律詩頷、頸二聯對仗的工整框架，不僅是物象組構的方式、聲律和諧的結構而已，它更是一種意義結構，呈顯作者生命世界的顯示器。女史於此，透過四句並置的物象，以韻合律協而工整的結構，逐步帶領讀者進入詩人幽微細密的情感世界及深切悲惋的生命情境之中，雲林互現，山鳥共感，秋草色與清流聲等尋常之景，均幻化作女史的心靈圖象，物我關係至此泯然相合，互相深化，曲折幽渺的帶出詩人孤高獨往的情執與家國同情共感的懷抱。然而詩人雖靜觀默思於宇宙天地間，卻漸次陶鑄成一種「黃昏浴罷閒無事，靜對遙峰寫晚晴」的閒適自得之情。凡此，無非是女史沈潛已深，出入有得，而能與自然化合的一種生命境界的呈現與超越。

二詩措辭清婉，神思飛躍。女史以多方位、多視界的方式寫景狀物，緩緩帶出靜觀天地的體悟與情蘊。其與山水的對話，內蘊著對自我生命的眷戀、摯愛與執著以及對家國深切的關注，而最後終能化昇爲一種閒適安然而自得的境界。女史聖潔的生命靈境在情景妙合的洗鍊文采中流瀉而出，讀者所看到的是一種內在自足，卓然超世的生命姿態。（鄭文惠）

思鄉 四首之一

朝朝樓外聽鶯啼，花放雕欄柳拂隄。
每憶故園人靜夜，玉簫吹月過橋西。

【鑑賞】

這是一首寫在春天的懷鄉詩。一陣陣似遠又近的鶯啼，提醒人們鳥語花香的季節已經來臨。「朝朝」二字有日復一日的涵意，暗指春天已經很深了。春似於桃源樂園，牧童繪語、花也香。雕欄外春花怒放、河隄上春柳垂地。這是多麼美好的春光畫，聲影都佳。如此的氣氛多麼熟悉！記得當年在故鄉，也是這樣的季節，令人特別難忘的是在寂靜的深夜裏，月色中傳來清脆的簫聲。

首句由熱鬧的聽覺開篇，引出二句視覺的花放、柳長，此起彼落，相得益彰，色彩明艷。三句筆鋒急轉，由景生情。最後以淒清的簫聲作結，餘音裊繞，情韻如縷。一至四句依序爲聽覺—視覺—感覺—聽覺的鋪敘，環環相扣。前二句的熱鬧多采和後二句的孤寂淒清成了鮮明強烈的對比。前二句好比交響樂；後二句是小提琴獨奏曲。前二句是一幅鮮麗熱鬧的春光彩繪圖；後二句好比一幅寂寞的黑白照。以黑白色調來表達記憶的沉潛、思念的刻骨銘心，是很有美學技巧的。（彩色電影中遇到「回憶」的情節時，不都是用黑白色來區分嗎？）

故園有許多值得回憶的事與物，詩人選擇了月夜裏的簫聲代表，想必那聲音、那情景曾經深深的感動過詩人的少女情懷。月色的皎潔、簫聲的清脆亦可想見詩人玉潔冰清的氣質。「玉簫吹月過橋西」，意境淒美悠揚。月過橋西，表示時間的轉移和夜的深沉。到底是玉簫的清音感人，使月兒從早夜聽到深夜呢？抑或月色優美，使得吹簫人不忍離去而終夜弄簫？「玉簫」與「明月」應是惺惺相惜的吧？

就詩情的起伏過渡而言，詩人亦有高明的安排。「良辰美景」往往是人們最多愁善感的時刻，只怕它來時匆匆，去時也匆匆！所以斯時斯景很容易由熱鬧喧嘩中墜入淒冷惆悵的情緒。此詩由鳥語花香起興，正是要引出後面的悠悠鄉思。鳥聲起、簫聲落，有首尾呼應的效果。（不過二者的「聲」情有截然不同的分別罷了。）開篇由景生情，意在言外。在用韻方面，以「支」韻收音於「西」，一種淒清悲惋的情緒，躍然紙上，聲情相諧，令人低徊。（廖一瑾）

秋懷

東籬①香溢已深秋，涼透羅衣月滿樓。
萬里露沾紅葉墮，一天風捲碧雲收。
性耽②文字應多病，身寄湖山便不愁。
莫怪黃花③甘冷淡，清高晚節世無儔④。

【註釋】

① 東籬：菊花盛開的地方。也暗指菊花。陶潛〈飲酒〉詩第五首著名的句子：「采菊東籬下，悠然見南山。」此後「東籬」便成爲菊花生長的地方的代稱。

② 耽：耽溺；沈湎；長期浸淫其中。

③ 黃花：指菊花。菊花以黃色爲常見，故稱。

④ 無儔：無比；無人可比擬。

【鑑賞】

本詩抒寫秋天的情懷，但實際上卻是抒表詩人一生的志趣節操。全詩以菊花起始，亦以菊花作結。因爲菊花綻放於秋天，有不畏風霜的堅毅卓絕、甘於冷淡的清高恬適，所以是中國文學傳統的一個典型象徵，象徵詩人的人格風範，而與頸聯直抒「性耽文字」、「寄情湖山」的志趣相互應和印證。職此，本詩也可視爲花與人雙寫的作品，對黃菊的讚揚歌頌，同時也正是作者對自我人品的珍賞和尊重。但因藉花暗寫，便留有婉轉蘊藉的意味及深遠餘韻。

在結構上，起承轉合的筆法結合得十分緊密，但格局又能推擴得相當恢宏。首句借用陶淵明〈飲酒〉詩著名的「東籬」喻指菊花所在，表意較爲婉轉。而以「香溢」的嗅覺意象表達菊花的盛放和無所不在的秋意，很自然地帶引出「已深秋」的時令。第二句寫秋夜的氣候與遍在籠罩的月光，進一層透染出觸覺與視覺的冰涼，把秋夜的淒寂氣氛散播開來，在這氛圍的籠攝下，因此頷聯便推擴了更廣遠的秋景。「萬里」與「一天」寫景甚爲遼闊敻遠。因爲萬里均有秋露沾凍，所以連紅葉這種較爲耐寒者也都凋落了，這意味著深秋的寒意已是羅覆整個天地。同時，在西風的拂掃之下，雲氣全部收束消退，留下一片澄淨湛藍、無邊無際的青天，更顯虛闊寂寥。描寫至此，天地間純是一派蕭索冷清，自然容易觸發人各種感懷慨歎。於是頸聯部分，詩人便興發起自身性情的抒寫。上句說明詩人託詩文以寓抒情懷的興趣嗜好。「耽」字表達出一心投注、深深沈湎於其中的事況，以致於在長時構思斟酌之後倍感損耗心力而認爲應多病。下句更抒寫自然山水的涵泳沐浴是詩人最大的心靈慰藉，寄身其中，便可輕安消愁。這一切詩人均無怨無悔，因爲文學和自然的世界是純美潔淨的，沒有俗世的是非紛擾，沒有現實的利害糾纏；雖顯冷清，卻是全然的心安自在。這就扣緊前兩聯對菊花與秋景特質的描寫了。「甘冷淡」、「清高晚節」就變成是菊花與詩人共同的生命格調，因而將全詩兩個層面的主題微妙地綰結起來。

全詩前兩聯寫景，後兩聯抒情，由景入情，非常符合中國古典詩的布寫模式。而且寫景部分已用點染情境與象徵來暗寓抒情部分的意旨，前景後情產生了緊密的呼應。不論在結構、意涵或情境上，本詩均有傑出的成就。（侯迺慧）

木蘭從軍 二首之一

軍書一紙卸釵環①，戎馬匆匆出玉關②。
飽閱風霜雲鬢③亂，慣衝烽火④鐵衣⑤斑。
枕戈⑥未作封侯夢，破敵何辭代父艱。
麟閣⑦他年如繪像，功臣畢竟是紅顏。

【註釋】

① 釵環：釵爲婦女的首飾，由兩股合成。環則泛指圓形之物，如耳環、指環等首飾。

② 玉關：玉門關的省稱。李白〈子夜吳歌〉云：「秋風吹不盡，總是玉關情。」

③ 雲鬢：形容鬢多而美。例如白居易〈長恨歌〉中云：「雲鬢花顏金步搖，芙蓉帳暖度春宵。」

④烽火：此指戰亂。本是古代邊防報警的信號，是築高臺後在其上燒柴或燒狼糞以報警。

⑤鐵衣：鐵甲。

⑥枕戈：枕著兵器以待天明，殺敵報國心切的當下。

⑦麟閣：麒麟閣的簡稱。此閣是漢代蕭何所造，漢宣帝時曾經畫霍光等十一位功臣畫像於閣上，用以表彰他們的功績。

【鑑賞】

本詩旨在藉歌詠木蘭，而表達作者不讓鬚眉之懷。按《先秦漢魏晉南北朝詩》的梁詩橫吹曲辭中載有〈木蘭詩〉二首。作者即就此敘事詩中所形容的木蘭再予詠歌讚嘆。詩歌起首云：「軍書一紙卸釵環」，此一句便把木蘭從那個「唧唧何力力，木蘭當戶織。不聞機杼聲，唯聞女歎息。問女何所思，問女何所憶……昨夜見軍帖，可汗大點兵。軍書十二卷，卷卷有爺名。」的耽心歎息，惶然不知所措之中，排蕩開來，使木蘭變成一個一見軍帖即決定代父出征的形象，其中沒有當戶太息，也沒有猶豫遲疑，有的是一片孝心與當仁不讓的英雄氣概，這種義無反顧的強調使木蘭的形象更鏗然有力。接著藉她的匆匆出關與戎馬不歇點出當時兵馬倥傯，戰況緊急，不論是軍書一紙後的卸釵環，或是戎馬匆匆都予人時間緊迫，空間快速轉移的感覺，但到了第三、四句作者立刻改用舒緩的語氣來承接，一用「飽閱風霜」二用「鐵衣斑」來說明征戰的長久與淒苦，按〈木蘭詩〉原有「將軍百戰死，壯士十年歸」一語，可知木蘭棲身軍旅決非一朝一夕而已，作者心惜於木蘭的苦辛，更用「鐵衣斑」來加強時間長久的概念與說明沙場馳逐的辛勞，再兼之以「雲鬢亂」和「鐵衣斑」相互輝映，說明那個「慣衝烽火」驍勇善戰的木蘭。

在頸聯裏作者說明了木蘭從軍目的，不在於封疆裂土，而只是單純的希望能替代老邁的父親，使其免於征討所帶來的危險和辛苦罷了。這一片純然的孝心是使她在「飽閱風霜」之時不辭勞苦，也是支持著她在「慣衝烽火」時不憚危難的主要原因，由孝心所激揚出來的戰士，的確比「殺妻求將」的豪雲壯志更單純更感人。因此她不用麟閣策封，也不求尙書郎官，橫吹曲辭中的〈木蘭詩〉至此將鏡頭轉向回鄉卸裝之後的木蘭，但本詩的作者卻在「不作封侯夢」之後，峰迴路轉的爲木蘭虛設，假使她眞的受封官爵；那麼麒麟閣中所留下的功臣相，眞正的身份就是一位女紅妝了。

作者所以會以木蘭爲詠歌的對象，其實正由於她自己不甘於以女兒之身，受困於世俗之制。試看她在〈女學生〉」（頁二六）一詩中所說的：「詎甘繡閣久埋頭，負笈京師萬里遊」，當衆人皆以爲「雌伏胸愁無點墨」時，她已作「雄飛迹可遍寰球」了，這種不甘受拘束，不願被牢籠的凌雲之志，表現在詩歌裏，呈現出來的便是「麟閣他年如繪像，功臣畢竟是紅顏」。很清楚的是以木蘭來詠懷的。似在寫木蘭，實在陳己志。（涂豔秋）

紅 梅①　二首之一

疑杏②疑桃③兩未真，臉霞映雪艷無塵。
東皇④別具司花眼，第一濃粧第一春。

【註釋】

① 梅：薔薇科落葉喬木，高一、二丈，早春先花後葉，花冠五瓣，色有白、紅、淡紅等分別。北周謝燮〈早梅〉詩：「迎春故早發，獨自不疑寒。畏落衆花後，無人別意看。」
② 杏：果名，薔薇葉科落葉喬木，春月次於梅而開花，五瓣色白帶紅，似梅而稍大。
③ 桃：果樹名，落葉亞喬木，高丈餘，春時開花，色有紅有白。
④ 東皇：謂春神也。《尚書緯》：「春爲東皇，又爲青帝。」

【鑑賞】

梅花，素爲文人雅士所喜愛，與松竹並稱歲寒三友；也是四君子（梅、蘭、竹、菊）中的領袖，宋·范成大說：「梅以韻勝，以格高，故以橫斜、疏瘦著稱。」周之翰〈藝梅〉文中提到梅枝在不開花時像一株枯木，但卻有「稜稜山澤之臞」，梅花雖然「膚若凝脂」，卻是「凜凜冰霜之操」，而且「早春魁百花之上，歲寒居三友圖中」。人們不但愛它堅貞耐寒、卓立不群，又愛它爲春天引路。梅花有白有紅，此詩所詠之梅，是別具特色的紅梅。

首句「疑杏疑桃兩未眞」是乍見紅梅時的驚艷寫照。到底是什麼花這麼美？是杏花嗎？是桃花嗎？好像都是，再仔細端詳，發現兩者皆不是。因爲梅花除了有杏花、桃花的艷美之外，還有無可取代崖岸拔俗的絕代風華啊！此句「疑」字兩出，使得節奏優美、明快，更凸顯其美艷照人令人眼前爲之一亮的驚喜！

次句進一步具象描述「紅梅」之美，從顏色著墨，說它的顏色燦爛有如雪地上的彩霞，雪地象徵高潔脫俗，烘托出紅梅高卓的氣質。此句「霞」字緊扣題目「紅」字。明·楊維楨〈紅梅詩〉：「十二闌干明月夜，九霞帳裏睡東風。」以「九霞帳」喻紅梅亦頗傳神，但未若金川此句能將梅之高格與梅之燦美以最精確明快之筆一語道破，且句中之「霞」與「艷」、「雪」與「無塵」相照應，更是密實警鍊。神來之筆，令讀者亦為之「驚艷」！

詩人在贊嘆紅梅兼有外在美與內在美之餘，不禁有感而發，認為它的美不是人力所能及，準是春神的慧眼獨具，將它選為春天裏領先群花開放最美麗的花，陸游〈詠梅〉：「凌厲冰霜節愈堅，人間乃有此癯仙。坐收國土無雙價，獨立東皇太乙前。」所詠之梅應是末花之梅，認為梅因其冰節而獨獲春神之賞識。金川則別出新意，說紅梅因美艷（「臉霞」、「濃粧」）和高卓（「映雪」、「無塵」）獲得春神的推愛，在春天裏領袖群花。借著春神選美的想像，將紅梅推崇到無與倫比地位，不費筆墨卻有驚人的效果。金川的老師施梅樵先生在〈黃金川女士詩草序〉中讚譽金川的詩云：「人莫不謂巾幗中之錚錚者矣！」借此話來形容金川筆下的「紅梅」亦頗貼切。

在鍊字方面，首句「疑」杏「疑」桃和末句「第一」濃粧「第一」春皆為重出字，首尾照應，節奏優美；在字形上，首句之「杏」、「桃」部首同，次句之「霞」「雪」部首同，巧心安排，嚴謹整齊，使整詩有一氣呵成之妙！（廖一瑾）

秋感 三首之一

涼氣初從雨後生，吟蛩①唧唧②夜三更。
晴空縹緲雲無着③，大地蒼茫月有情。
客裡聞砧④腸易斷，窗前撥鴨⑤夢難成。
曉來徒倚欄杆望，人共黃花孰比清。

之二

獨捲珠簾望遠空，一聲新雁寄樓東。
梧桐冷碧沾微露，菡萏⑥疎紅墮⑦晚風。
斷續砧聲橋影外，參差笛韻月明中。

雲山萬疊鄉關⑧阻，渺渺⑨予懷感不窮。

【註釋】

① 吟蛩：蛩音ㄑㄩㄥˊ。蟋蟀鳴叫的聲音。
② 唧唧：音ㄐㄧˊ。蟲鳴聲。
③ 着：見；定。
④ 砧：音ㄓㄣ。擣衣石。
⑤ 撥鴨：撥弄鴨形薰鑪中的鑪灰。李商隱〈促漏〉：「舞鸞鏡匣收殘黛，睡鴨香鑪換夕熏。」
⑥ 菡萏：音ㄏㄢˋㄉㄢˋ。荷花的別稱。
⑦ 墮：墜落。
⑧ 鄉關：故鄉。崔顥〈黃鶴樓〉：「日暮鄉關何處是？煙波江上使人愁。」
⑨ 渺渺：微遠貌。

【鑑賞】

不同的季節和時序，往往引起詩人的聯想和感懷。春夏秋冬四季裡，秋天屬於陰陽轉嬗的季節，明顯具有變化、推移、流動與過渡等性質。詩人面對蕭索的秋天，難免會生發惆悵的悲情。宋玉〈九辯〉云：「悲哉秋之爲氣也，蕭瑟兮草木搖落而變衰。……坎廩兮貧士失職而志不平，廓落兮羈旅而無友生，惆悵兮而私自憐。」詩人羈旅懷鄉的悵惘之情及自我價値感的失落，在秋容蕭條索盡的氛圍中，益顯生命情境的孤寂。從宋玉以來，悲秋傷懷往往是詩歌題材中普遍而重要的心象結構，內蘊最直截的時間意識與生命意識。

金川女史〈秋感〉詩一組三首。除所引之二、之三外，其一云：「西風忽地入華堂，回首韶華九月將。千里夢魂還故國，幾分愁病滯他鄉。誰家玉笛吹殘暑，到處金英綻早涼。觸我吟情禁不得，那堪又聽擣衣忙。」三首均以「懷鄉」爲情感基調，然而情韻流轉，三首殊異。第一首女史將西風撩撥思緒，放在「回首韶華」的時間回顧上，而帶出家國之思；第二首的懷鄉之情，則在清曠蒼茫的時空場景中逼顯而出。女史透過縹緲而蒼茫的意象，經營出人世間典型悲歡離合的常情，並藉由黃花的「比德」與「寓意」，突顯自我生命的清高與遠致，令人耳目一新。第三首則在柔美的畫面中，留瀉出對家鄉的感懷。

〈秋感〉之二，前半寫景，後半寫情。首聯鋪寫一陣秋雨，頓生涼氣，夜半三更，吟蛩唧唧的夜空景象，一切顯得清冷孤寂。頷聯則將冷冷清清的場景推移到縹緲蒼茫，廣遠無垠的晴空大地之上。晴空白雲，大地明月，如此良辰美景，似乎令人心馳神往，然而詩人筆下的「雲無着」、「月有情」，實爲托物寓情。白雲的飄忽無着，象徵游子的行蹤不定，而蒼茫大地的皎潔明月是思憶的主要連繫，多少游子、思婦依托明月遙寄相思之情，於是，明月在有情人的眼中，也轉爲是有情之物。詩的前半，詩情藉由景物的烘染，營構出一種清寂蒼渺的詩境。

頸聯再由寫景轉而寫情。以客裡聞砧，柔腸易斷，窗前撥鴨，夢境難成，描摹懷鄉之情與思憶之深。「砧」、「夢」均用以烘托思歸之情。秋天是趕製寒衣的季節，滿城刀尺容易牽動游子的思鄉情懷。據《周禮・冬官》湅帛一段云，古時擣帛製衣，除摻入欄灰使帛變生爲熟外，又加入蜃灰，使帛變質爲白，並添水勤加擣杵，以去掉生絲上的蠟質，以防作成的衣服容易脆裂。溫子昇〈擣衣〉詩云：「長安城中秋夜長，佳人錦石擣流黃。香杵紋砧知遠近，傳聲遞響何凄涼！」製衣擣帛，砧杵相擊發出的聲響，時遠時近，傳聲遞響，在有情者的耳中，是一種何等淒涼的聲音！因爲砧聲包孕著一種溫馨而悲切的思憶之情，作客聞砧，哀怨淒切的砧聲，不僅勾憶起游子對家鄉溫馨的記憶，也牽動著游子離鄉而落寞的愁心，最終欲藉由夢境圓滿現實的憾缺，也無法達成，於是，藉由「三更」到「曉來」的時間推移，自然承接了游子的心路歷程。由聞砧腸斷而夢境難成而曉倚欄杆，步步逼顯游子懷鄉的意緒，然而，末句詩人卻能於懷鄉者百般無奈的愁緒中抽離出來，透過人與黃花——「人共黃花孰比清」的對話脈絡，呈顯游子甚或是詩人對自我主體心靈的執著。在中國詩人的詩歌語彙中，「黃花」早已積澱了陶淵明「東籬采菊」清高品節的情感內涵。詩人常以一種「比德」與「寓意」的方式，以「黃花」象徵自我主體心靈的清高無儔。全詩對家鄉感懷至深，卻又能超脫其外，頗能新人耳目。

〈秋感〉之三，詩人表達出鄉關阻於雲山萬疊之外的無窮無盡的感懷。惟此詩情景融塑，頗具詞化的傾向。前三聯全以景物鋪設，沒有直接抒情的句子，也沒有直接敘事的成分，圖象之間不見綰連，未有過渡，而且語言較爲柔婉綺麗，近於詞風。

首句藉由獨捲珠簾，眺望遠空，拉開詩人深隱的內心世界。「一聲新雁」、「斷續砧聲」、「參差笛韻」三種聽覺意象的疊加並置，成了引動鄉情的主要觸媒。秋涼時節，沾染微露的梧桐，顯得「冷碧」十分；疎紅的菡萏也墜落於晚風之中。中間二聯，屬對工整的結構中，緩緩流瀉出一種冷於人事，疏於人情的孤寂之感，故末聯以情語收束，帶出鄉關因空間阻隔而感懷不窮的綿綿深情。

二詩雖同爲「秋感」，同爲「思鄉」，但意境或渾闊；或婉麗。情致或深切而超逸其外，或柔婉而流情雋美，足見女史詩藝之洗鍊與詩風之多元。（鄭文惠）

女學生

詎甘綉閣久埋頭，負笈①京師萬里遊。
雌伏②胸愁無點墨，雄飛③迹可遍寰球。
書深莫被文明誤，學苦須從哲理求。
安得女權平等日，漫將天賦付東流。

【註釋】

① 負笈：遊學。笈，書箱。
② 雌伏：屈居人下。《後漢書・趙典傳》：「大丈夫當雄飛，安能雌伏。」
③ 雄飛：喻志氣飛揚，奮發有爲。對「雌伏」而言。

【鑑賞】

男尊女卑，過去一種普遍存在的社會現象。就女詩人金川而言，她毋寧是幸福的，因爲其慈母蔡寅女士，不僅毫無重男輕女之觀念，更極重視漢文教育，爲子女歷聘名宿課授以詩文。此於當時女權不振之社會中，可說鳳毛麟角，獨具慧識。

金川深受母氏教誨，對傳統社會以女子無才相要之觀念，甚有異議，她說「未必無才皆淑德」（〈秋懷〉）。有才情之女子被認定是婦德之相妨，致斬斷了女子通達於寰宇的靈慧與才情，她深有感慨，〈雜詠〉詩第三首爲此鳴不平：「可憐無用女兒身，千古含冤志莫伸。未必多才能累德，何曾不學作賢人。」在詩中時見她對女子敬慕疼惜之情，亦可窺其恨不生爲男兒身之慨，有著與秋瑾相同的情懷：「身不得，男兒列，心卻比，男兒烈。」然而現實社會之樊籬，終究一時難以突破。婚後，詩人生活重心不免轉至夫婿子女身上，親情的溫馨固也令她沈酣追尋，但才情之舒展，不免倍受限制，她只能以反語出之，自我寬慰：「自恨無才與無德，一生合作守家奴」（〈未得訪朝琴胞兄賦寄〉）。這首〈女學生〉是詩人婚前之作，可見英氣勃發之姿，展現了詩人矯矯脫俗的個性。

詩之首聯：「詎甘綉閣久埋頭，負笈京師萬里遊。」抒發了女子不甘長守綉房，永久不能出人頭地，遂赴京城遊學從師之舉。頷聯說明女子該憂愁的是胸中無點墨（學問），遂屈居人下，得不到該有的地位，如果能志氣風發，奮發有爲，足跡便可遍及寰宇。頗有男子志在四方、豪氣直衝雲霄之慨。

京師素爲文明、人文薈萃之地，然而金川聰慧善辨，提出一己之得：「書深莫被文明誤，學苦須從哲理求」，勸人透徹理解書中深刻之哲理，形塑了一位讀萬卷書、行萬里路，又善於思辨之現代女性。然而婦女遭受重重枷鎖束縛之現象，讓詩人最後仍不禁呼喚出自己的願望與理想：「安得女權平等日，漫將天賦付東流。」「安得」是何時可得，言下之意，目前處境仍是女權極萎縮時代，這是詩人心中極欲改變卻無可奈何之事。最終也只能祈願來日可一展身手，盡發揮天賦所長，不致夙願奇志付諸流水罷了！

末聯由豪邁轉向悲思，引人進入女性命運之沈思與憐憫，隨著詩人之吟嘆而起伏縈繞。（許俊雅）

歸月津①留別黛彬雪瓊　四首之三

萍蹤小別各天涯，燭剪西窗恨轉加。
從此雲山三百里，但憑幽夢到君家。

【註釋】

①月津：即今臺南鹽水鎮。

【鑑賞】

這是一首眞意彌滿，奔騰縱放，情見乎詞的好詩。

關於離別，蘇軾曾說過：人有悲歡離合，月有陰晴圓缺，此事古難全；而柳永也說過：多情自古傷離別。雖說天地逆旅，百代過客，人生一世常如寄，但多情的人，即使小別，仍要黯然銷魂，情傷難已的。何況就此一別，萍浮蓬飄，隨水流，任風吹，山長水濶，相失萬里，各在一隅，怎不教人天涯一望斷人腸！首句「萍蹤」即寫出人生際遇的不由自主，而「小別」與「天涯」似一小一大的對比映襯，更寫出生命的無奈與無力。

面對不由自主、無奈又無力的離別，人所能做的是什麼？把握此刻！是的，把握尚未分離的此刻，讓短暫成永恒吧！而彈琴擊筑，縱酒高歌，慨當以慷，那是俠士的離別，我輩中人，不妨學學李陵：「長當從此別，且復立斯須」（〈與蘇武〉），長別短留，剪燭西窗，且訴臨別依依吧！但是啊！握手成長嘆，淚爲生別湧，千種風情，萬端心緒，臨了面對，卻無語凝咽，離恨更加千萬重！連那蠟燭也跟隨人中宵自煎、垂淚到天明！這一句「燭剪西窗」是轉化李商隱「何當共剪西窗燭，卻話巴山夜雨時」（〈夜雨寄北〉）的詩句而來，然而李詩乃是寫其期待相逢的喜悅，重聚的歡樂，本詩卻轉化成分手此時的身相聚而心無歡，典故經此一曲折變化，詩意頓然生新。

而無論如何，行人難久留，千里相送，終須一別。從此路繞山川人遠去，長洲杳杳，極浦蒼蒼，青山雲海，其坂九回，相距萬里，會面安可知！惟伊人誠是生命中所有光源之所在，衷心追攀的日月，而相知相惜，更是薄弱靈魂的泰山，所以，但憑幽夢也要追日到君家！第三句的「從此雲山三百里」，明寫空間，實亦涵括時間：從此時此地起，詩人清楚地意識到二人眞實的處境——良辰不再，關山難越——，將時間空間一網打盡。而這麼豐富的含意，卻簡單的由「從此」二字，任眞直縱的釋放出來，筆力可知。

而當思惟路絕，言語道斷，人間無路可升堂時，第四句居然神秘地曲徑通幽，幻出夢來，使得種種不可能跨出的步伐，轉爲高飛的酬償：夢在此彷彿可以通天掘地，亂流狂渡，攀爬絕巖，飛越鳥徑，至彼樂土；於此可見出詩人想像力之直覺敏銳，詩人情感之熾熱奔迸。情到眞處，不嫌於直，無妨於迫；末二句的直縱迸放、熱力四射，正表現出了詩人的眞情滿溢。（吳彩娥）

早菊

開遍東籬九月天，幽香佳色滿樓前。
月明秋夜人歸去，露濕枝頭更可憐。

【鑑賞】

本詩爲詠物詩。吟詠早菊。詠物若只停留在描摹形色姿貌，就不易脫俗感人；若能深入物的情志，移情於物且產生「情往似贈，興來如答」的交流應和，才能產生雋永深遠的意味。本詩即是如此，看似詠物，實亦表情。

首句點明季節。「天」字使用巧妙，以空間視覺形象指代時間。在這個開闊的空間轉化下，使遍開的菊花的背景更形廣大無邊，視野益形遼遠。而以「東籬」喻指菊花生長所在地，也使整體情境更拉向陶潛「采菊東籬下」的歷史空間。此時，「悠然見南山」的「眞意」與陶潛的人生況味也隱然浮現，爲末句「更可憐」的表意埋下蘊藉的伏筆。

第二句寫菊花的幽香佳色。前句有「遍」字描繪出數大之美的視覺美感，此句則用「滿」字來浮漾出到處所飄逸著的清幽淡雅的嗅覺愉悅。其中「樓」字使得全詩寫境抒情的視點拉升到一個較爲超越的地位。從高處俯看地面，因而更能清楚地看見一般人們賞花的情態，冷冷定定地看著整個賞花的過程：在歎賞讚美的人們歸去後，寂靜的秋夜裡只剩詩人一人獨自在冷涼的月光下深情地佇立。詩人所感受到的寂寞，也正是菊花在備受俗情看賞後所深感的寂寞——一種獨處時回歸本我、擺落喧擾鉛華的沈靜。此時詩人愛賞於菊的，已不是它豐繁飽滿的花形或美麗的色澤，而是露溼枝頭的清寂傲枝。其中「露溼」的作用有多重：一使花的幽香更清新凝聚，二使花的佳色更鮮明潔淨，三使花的情態更顯堅毅卓絕。因此詩人對這些露溼的花朵更加愛賞憐惜——愛賞其節操格調，憐惜其艱苦處境。這就在詠物形物態之外，詠物情而兼抒己懷抱和人生見地了。

整首詩藉著典故和空間的布設，使得短短絕句能含蘊豐富的形象、深厚的情感和悠遠意味。（侯迺慧）

砧聲①

三首之一

鄉夢驚回月色涼，淒淒玉杵②響銀塘。
㓹③憐斷續餘音苦，纖手凝寒④擣⑤夜霜。

之二

誰家少婦擣秋霜，弱腕輕敲着力忙。
江水滔滔流不盡，可曾餘韻到遼陽。

【註釋】

① 砧聲：砧音ㄓㄣ。擣帛製衣時，砧杵相擊所發出的聲音。
② 杵：音ㄔㄨˇ。擣衣之槌。

③ 劇：極；甚。
④ 凝寒：凍結而寒冷也。
⑤ 擣：音ㄉㄠˇ。敲；擊。

【鑑賞】

〈砧聲〉詩一組三首，除所引之一、之三外，其二云：「淒淒片石半凝霜，斷續聲中送晚涼。擣碎秋心人在否？江邊有客獨迴腸。」三詩均藉由「砧聲」帶出懷鄉愁緒及相思情懷。主角或爲「游子」；或爲「思婦」，是社會衆生相中一組具典型角色的人物類型。

自東漢末年〈古詩十九首〉以「游子」、「思婦」敘寫現實人世中平凡人物生離死別的情感後，文人多有所作。尤其隨著征戰的頻繁，征人遠在邊塞，邊地秋早，於是趕製寒衣的「砧聲」，便成爲游子與思婦相思相憶的情感象徵。

所謂的「砧聲」，是指擣帛製衣時，砧杵相擊發出的聲響。如庾信〈夜聽擣衣〉詩云：「風流響和韻，哀怨聲淒斷。」「砧聲」斷續相間，流響清切。然而在有情人的耳中，卻轉覺哀怨淒斷。因爲，「砧聲」實包孕著情意的深密專一，是游子與思婦懷遠思憶的主要觸媒。

金川女史〈砧聲〉之一，以「游子」角色直接參與「思婦」擣衣的心路歷程，尤見情思之深蘊感人。月色涼如水，銀塘傳來陣陣淒淒切切的玉杵擣衣的聲響，與游子「鄉夢驚回」前後綰結，彷彿「砧聲」使實境與幻覺揉合在一起，游子夢魂縈繞之處，正是月光浸染成夢幻一般銀輝色的水塘邊。爲了加深情感分量，女史特別以「涼」、「淒」、「銀」等視覺、觸覺、聽覺感官意象，反復疊加哀咽淒切的心理狀態。末二句仍以「游子」身分揣想「思婦」擣衣之深情苦志。惟「游子」深切的「鄉夢」之情，才能體會「思婦」銀塘擣衣，餘音斷斷續續，凝寒擣霜的辛苦與深情。女史以簡鍊的筆觸，將游子懷遠與思婦擣衣的深情娓娓道出，深婉而哀切。

〈砧聲〉之三，則以「思婦」角色鋪敘全詩，正因「思婦」擣衣懷遠的心情，不止一家一處，故而女史提出「誰家」的設問語，彷彿一種相思，牽出人間萬般情愁。人生圖象，無時無處不有離愁別恨，情牽夢回。「擣秋霜」與第一首「纖手凝寒擣夜霜」意近，均強調擣衣的辛苦。因此，第二句承接「弱腕輕敲着力忙」，便覺自然順當。唐代無名氏〈擣衣曲〉詩：「月明中庭擣衣石，掩帷下堂來擣帛。婦姑相對初力生，雙揎白腕調杵聲。高樓敲玉節令成，家家不睡皆起聽。秋天丁丁復凍凍，玉釵低昂衣帶動。夜深月落冷如刀，濕著一雙纖手痛。回編易裂看生熟，鴛鴦紋成水波曲。重燒熨斗帖兩頭，與郎裁作迎寒裘。」詩中清楚交待擣衣的過程，可爲參證。女史於此，以白描質樸的語言，勾勒出「思婦」擣衣的情景。「弱腕」與「着力」相對，益顯少婦情專意深，急切地擣杵作衣，以寄予遠地相思之人。末二句江水滔滔聲與少婦弱腕輕敲玉杵的擣衣聲，又明顯相襯。江流不盡，滔滔東逝，似乎催促著少婦青春年華的消逝，人間有情，益顯造物的無情，而隨著江水滔滔不盡的汩逝，是否也將少婦擣盡秋霜的情韻，傳送到遙遠的相思之地？唐代征人的冬衣，常由長安民戶縫製。初秋時分，政府多將從民間徵集到的租絹，分發給民間加工裁製。於是秋霜季節，便有了「長安一片月，萬戶擣衣聲」的特殊景觀。因爲所擣衣帛，多是寄往邊地的戎衣，因此「砧聲」與「邊塞」便緊密結合，而有「秋風吹不盡，總是玉關情」（李白〈子夜秋歌〉）的懷想。（黃永武，《珍珠船．與君同賞擣衣聲》，臺北，洪範，一九八五年三版，頁十九—二九）女史此詩即是將家鄉少婦「擣秋霜」的「砧聲」，與「遼陽」邊地兩相連繫，帶出懷遠的相思情愁。

綜觀二詩，情景承接自然，情思深婉含蓄，寫來毫不着力，卻意味不盡，允稱佳構。（鄭文惠）

固園①聽鶯

幾番巧噪固園東，絕好緡蠻②興靡窮。
嫉俗厭啼深巷雨，怡情偏弄快樓風。
凝眸③偶見穿桃葉，側耳猶聞織柳叢。
漫笑新聲初學囀，悠揚還勝操焦桐④。

【註釋】

① 固園：乃四梅主人黃欣之園林。黃欣於一九二七年六月組織臺南共勵會，會所設於三官堂，該會設有講演、體育、教育、演藝四部，將演藝收益充爲教育經費，以補救失學民衆，會後繼開遊園會，詩題〈固園聽鶯〉，金川其時亦與會，留此詩以誌其事。

②緡蠻：指黃鶯的啼聲。

③凝眸：集中眼力。

④焦桐：指琴。因《後漢書・蔡邕傳》中記載：「吳人有燒桐以爨者，邕聞火烈之聲，知其良木，因請而裁爲琴。果有美音，而其尾猶焦，故時人名曰焦尾琴焉。」

【鑑賞】

此詩完全著眼於聽覺上的描繪，除了第五句的「凝眸偶見穿桃葉」之外，句句都扣緊了「聽鶯」的「聽」字，作者在題意的掌握上可謂一絲不苟了，但要在無形的聽覺上，賦予有形的形容，且要形容的恰如其份可謂難之又難，往昔白香山用「大珠小珠落玉盤」（〈琵琶行〉）來形容琵琶的錚鏦，而東坡用「如怨如慕、如泣如訴」來比擬簫聲的嗚咽，作者放棄了這條直接描寫的路線，採用了一條「以心寫聲」的感情之道，以一種「知彼知此」的「肝膽相照」來寫鶯爲人鳴，人爲鶯惜的交感之情。

「幾番巧噪固園東」是形容詩人首先聽到園東傳來鳥聲，這是引起詩人注意的開始；這個乍聽下的感覺是「巧」，細辨之下才知道是「絕好緡蠻」，原來是黃鶯在高啼，作者對黃鳥的鳴聲並沒有採用新的形容加以描繪，相反的她採取了古代的《詩經》

中對黃鳥的形容——「緡蠻」，用古典的詞語來形容那或正在枝頭「巧噪」不休，或穿梭飛舞、活蹦亂跳的黃鳥，使得整個氣氛籠罩在既愉悅輕快，又典雅莊重之中。接著詩遊走於作者的思緒中，詩人在猜想今日怎能有幸聽到如此「絕好緡蠻」的鶯啼，而鶯聲又爲何會一浪一浪相繼不絕，黃鳥似乎也是詩「興靡窮」的樣子！想來必定是「嫉俗厭啼深巷雨，怡情偏弄快樓風」吧！這兩句話是在爲黃鳥之所以「興靡窮」的歌唱著提出一個合理的答案，也是使得全篇凝聚出一種人鳥相知相惜的情感的語句，深巷裏尋常人家聽不到鶯啼，表面上可能是因爲前些日子多雨的緣故，今日所以鶯啼千里可能是楊柳風暖的原因，但眞正的關鍵既不關乎「雨」也不關乎「風」，只是因爲一個「俗」一個「怡」罷了，紅瓦深巷無鶯啼不只是因爲「雨」，更因爲那兒缺乏了古詩人對黃鳥「緡蠻」時，那份絕好的讚歎與欣賞，當人們無心於鶯啼時，即使黃鳥有千種風情千迴百轉的婉歌著，人們也是聽而不聞，今日所以滿園黃鳥歡啼；是不是因爲黃鳥又尋到了千古前的知己，所以爲他一聲聲一句句接續不已呢？接著「凝眸偶見穿桃葉，側耳猶聞織柳叢」，是從詩人想要去尋找黃鳥的蹤跡寫起，當詩人定神凝眸之際，偶爾可見黃鳥在青翠的桃樹中穿梭，也可以在款擺的柳煙聽到緡蠻，這其中有一些是初試啼聲的小黃鳥在囀啼，所謂「漫笑新聲初學囀」；雖然旋律技巧都未臻上乘，但「悠揚還勝操焦桐」；那分清脆悠揚仍比人間上好的焦尾琴聲還要優美。

詩中將黃鳥的來集於此，究因於有感於詩人的齊聚此地，因此鳥的來集，鳥的鳴唱都變成主動的、有心的、蓄意的，鳥的本身是古代那典雅的「緡蠻」，牠在期待、在尋找那千古前的知音，而這些詩人即是那遙遠《詩經》的繼承者，當他們尋獲知己之後，牠們拚命的表現，奮力的展露，似乎是「興靡窮」的樣子，連那最小的黃鳥也不例外，而詩人也不是「無情物」，他們回報以凝眸的深情，側耳的傾聽，他們感受到鳥兒的歡情，連那新學啼囀的新聲，在他們聽來都比人間最好的琴音還要優美，在這一唱一聽、一訴一答的交感會通中，刻劃出黃鳥那「士爲知己者死，女爲悅己者容」的深情，與詩人無限的珍惜、完全的領會。（涂豔秋）

春江

幾葉輕帆趁晚晴，好山好水笑相迎。
連朝杏雨添新漲，千尺桃潭送遠行①。
如此逝波愁寂寂，管他明月夜盈盈。
登樓望接長天碧，鸚鵡洲②前似畫成。

【註釋】

① 千尺桃潭送遠行：李白遊桃花潭時，汪倫常以美酒款待。後遠行，汪倫相送，李白乃以詩贈之，詩云：「李白乘舟將欲行，忽聞岸上踏歌聲。桃花潭水深千尺，不及汪倫送我情。」（《全唐詩》，卷一七一）桃花潭在安徽涇縣西南，以水深聞名。

②鸚鵡洲：在湖北武昌西南江中，因唐人崔顥〈黃鶴樓〉詩有「芳草萋萋鸚鵡洲」（《全唐詩》而聞名，卷一三〇），本詩中泛指沙洲景色。

【鑑賞】

本詩爲登臨寫景之作，主題在描寫春天江上情景，特別著重於登樓遠望所見所感。

本詩一開始即從帆船寫起，扣住題目「江」字，呈現出傍晚時分，久雨初霽，水面上帆船數點的和諧畫面。「晚晴」二字，可由第三句「連朝杏雨添新漲」來了解可知已連續數日落雨，水位上漲，而今雨停了，陽光出現，天色清朗，有利於行船；「輕帆」二字，又表現出微風徐送，舟船遠颺的輕快。陰霾既除，遠山近水，似皆眉目含笑，與人相迎。第二句擬人化的描寫，流露出人與自然的相親相知；「好山好水」，是作者對山水景物的欣賞，「笑相迎」寫的則是有情山水，頗得辛棄疾「我見青山多嫵媚，料青山見我應如是」（〈賀新郎〉）的筆意。

中間兩聯爲對仗句，第三、四句仍爲寫景句，內蘊十分豐富。「杏雨」一詞即指春雨，杏花開時，正值清明多雨時節，在中國古典詩詞中尤能引發美好的聯想，例如宋．僧志南：「沾衣欲濕杏花雨」（〈絕句〉），陸游：「小樓一夜聽春雨，深巷明朝賣杏花」（〈臨安春雨初霽〉），明．虞集：「杏花春雨江南」（〈風入松〉）都是膾炙人口的名句；至於「千尺桃潭送遠行」一句，則化用李白〈贈汪倫〉的詩句。作者以原為地名的「桃潭」與「杏雨」相對，不但屬對工巧，而且因字面上的「桃」、「杏」烘托出春天的景物，也暗合了題意。此聯與首句呼應，同時也開啓了下聯情感的鋪寫。

承接前句「送遠行」之意，「如此逝波」一聯，則浮現了淡淡的感傷。此兩句可以包括兩層涵意：一是帆船遠航，岸人送別，「逝波」代表了遠行之人，「明月」則代表了居家之人。流水載走了遠行的人，又何曾因居家之人的月夜相思徘徊而停留呢？正如唐代詩人張若虛〈春江花月夜〉詩中的兩句：「誰家今夜扁舟子，何處相思明月樓？」月圓而人不圓，是人世間的一大遺憾。此外，「如此逝波」兩句，又可由更寬廣的角度來體會，「逝波」二字，指流水一去不回，《論語．子罕篇》記載：「子在川上，曰：逝者如斯夫，不舍晝夜。」面對日夜流逝的江水，最易引發許多感慨，流水可以代表時光，也可以代表美好事物的不可挽留。作者因景生情，而有無限的惆悵，江水不停的向前流，並不理會多情的明月盈盈相照。此二句揭示出人世離別的無奈，以及宇宙中變動不居的自然現象，全詩由愉悅之情至此轉而愁思縈迴，透露了作者對大自然的觀照。

最末兩句以景語收束全詩，一寫遠景，一寫近景。前者點出所在的位置，登樓遠望，水天相連，碧色千頃；後者則化用唐人崔顥「芳草萋萋鸚鵡洲」的詩句，呈現了沙洲景色，「似畫成」三字，亦是總結了對春江情景的描繪。全詩用語明暢，淡筆中又復有色澤點染，且景中有情，展現出寬廣的空間，作者的心境亦可由此見出。（鍾慧玲）

春　陰①

漠漠②春雲厭③柳絲，不寒不暖養花時。
東風釀就佳天氣，南陌尋芳獨去遲。

【註釋】

① 陰：陰霾。
② 漠漠：廣漠無際。
③ 厭：通「壓」。壓鎮住；籠罩住。

【鑑賞】

詩題「春陰」是春之陰霾的意思。春天，尤其是從驚蟄到清明這段期間，常常是陰雨綿綿、東風料峭的，因此帶著濃重的陰鬱氣息。這樣的天氣情調對於多愁善感的詩人們常會觸動情思，加重愁懷，因此以春陰爲題來抒寫憂傷情感是中國古典詩詞既有的傳統。但是金川女士在這首標題十分傳統的詩作中卻表現出不同的情趣，透顯出詩人不凡的氣度。

首句點題，描寫春陰的根源——雲。用疊字漠漠，把春雲的厚密廣闊感表達出來；且因漠字含有冷漠、淡漠的意思，也使雲的陰冷氣味透顯於字間；同時因漠字的發聲在情感上就含帶著沈悶閉鎖的壓迫感，所以起首四字「漠漠春雲」所展開的是一片沈悶厚重、罩頂壓下的氣勢，這就與「厭柳絲」的形象結合得緊密，而且把題目春陰中的陰意寫得特別濃重。

第二句直接說明春天不寒不暖的氣候特質正是養花的好時候。於是就將首句在溼度與明度上令人黯然抑悶的不適情意轉向氣溫上令人愉悅愜意、視覺上令人美不勝收的養花情味上。詩行至此，在情調上已脫離春陰的沈重抑鬱，而轉出一點希望與期待的喜悅氣息。

第三句，更明朗地說明在東風吹拂沐浴下，天氣漸轉和煦舒適。「釀」字用得精采，把東風溫徐的特色及令人醺醺然的作用寫得極富意趣。正因東風釀就好天氣，吹綻了百花，似乎一夜間群芳齊放，令人措手不及；詩人更是深怕趕不上花開花謝的速度，因此第四句寫尋芳遲到，無法充分欣賞這美好景致。「獨」字間接表示了衆人尋芳，競相奔走的熱鬧遊春訊息。

由以上的解析可以知道，本詩雖寫春陰，但在字面及形象上卻描寫陰雲風雨的滋潤涵養作用，似乎營造出一片生意盎然的喜悅與怡然，至此，陰意便會只落在客觀物境。但是一個「遲」字表達了盎然春意與喜氣來得太急驟，其凋謝必也隨之提前。因此詩人在尋芳時所深切憂懼的「遲」，其實是「惜花常怕花開早」的情感表現，那是時間意識強烈的字眼，是對美好時光「春」與美好生命「花」的無限珍惜。那麼，「遲」字便成爲詩人主觀心境情意上的春「陰」了。

職是，本詩在節奏與形象上情調的明朗喜樂，正和深層情意的沈重憂懼恰形成了一個意味深長的弔詭。（侯廼慧）

曉山

好夢醒來蠟炬殘，蒼茫曙色隱層巒。
珠簾高捲千峰起，青入樓頭帶曉寒。

【鑑賞】

這是一場美的宴饗，一場對清晨曉山所進行的審美活動。清曉時分的山，只覺朦朧隱約，似乎平淡是它唯一的顏色，但本詩寫來卻眞彩內映，韻致無窮。

黎明時刻，晨光的變化，節奏十分緊密。《淮南子・天文訓》說：「日出於暘谷，浴於咸池，拂于扶桑，是謂晨明。」似乎晨光每一階段都有進程，都有行腳：起先還是蒼茫茫、灰朦朦的，繼之則朦霧漸開、晨光熹微，然後，曉日遲遲、江山放麗。清晨的山，就是在這光影分譜當中，隨著金烏的行腳，漸漸由隱約而顯形而顯色。詩人蹤矢躡風，掌握每一瞬間，作這樣的描摹：詩人好夢醒來，在初醒微覺中，知殘夜已褪，拂曉正來，遠山一望，煙環霧帔，有痕無跡，難加細點，只見曙色蒼蒼，層巒隱隱。隨之朦朧漸揭，曉色漸開，當珠簾捲起更高，一抹山峰橫亙窗前，形態愈來愈能勾勒出來：是「千峯」「矗立」！待曙光流洩，則青碧冷黛侵入樓頭，照眼分明。

固然清曉晨光的變化，讓詩人享足了山朦朧、山挺碧的魔幻演出，但詩人的身份、所處的空間位置，亦是折射青山黛樣的廣角鏡。這位詩人是何等人物？第一句的「好夢」描寫了她的心境，第三、四句的「珠簾」「樓頭」，映襯出了一位高閣閨秀的麗影清姿。李清照的〈蝶戀花〉說：「獨抱濃愁無好夢，夜闌猶翦燈花弄」，而本詩詩人則在蠟炬自燼、一夜好夢甜酣中，悠然轉醒，心境之清和愉悅可想而知。處在綉閣中這位初醒的玉人，以這般甜美無憂的心境，站在高樓來看山，雖有微寒，山自然也映帶了少女的清純潔美與亭亭青春！於是詩人所寫的曉山，給予讀者美的感受，也大大超過了人們在實境中的感動。

表現上，詩人隨物賦形的手法相當高明。第三句的「珠簾高捲千峰起」在清麗中流露英氣，在清剛中展現嫵媚，尺幅中剛柔如此互涵互化，予人平地奇峯之感。第四句的「青入樓頭帶曉寒」則不僅以視覺——青色——顯山，又以觸覺——寒——寫人寫山；同時將青山擬人化，用「入」「帶」——青山帶著綠綠微寒來造訪玉人——整個畫面遂可觸可感地鮮活起來，且詩意盎然。（吳彩娥）

曉 起

一枕雞聲①驚旅夢②，半鉤蟾影③浸春江。
梳頭未把珠簾捲，生恐涼風透碧窗。

【註釋】

①雞聲：清曉雞啼之聲。用溫庭筠〈商山早行〉：「雞聲茅店月，人迹板橋霜。」

②驚旅夢：流徙的心境從夢中驚醒。用黃庭堅〈早行〉：「失枕驚先起，人家半夢中。」

③半鉤蟾影：指清曉殘月如鉤。蟾影，喻月影，《廣韻》云：「蟾光，月彩也。」《宋史．樂志》云：「殘霞弄影，孤蟾浮天。」唐張說〈新都南亭送郭元振盧崇道詩〉云：「褰幌納蟾影，理琴聽猿啼。」

【鑑賞】

金川女史之詩古淡清遠，饒富多元風貌，三台詩人林荊南曾稱譽：「有離騷之淒楚、憂鬱、獨往的一面。」（《金川詩草》，頁一二四）而金川在其〈觀書〉詩中則自云：「新篇舊句兩相宜，最愛唐人李杜詩。」（《金川詩草》，頁三六）可以看出女史在古典詩中浸漬涵養之深廣。然此詩風格卻近宋詞，清麗婉約中融有詩之玄遠與詞之清綺，展現金川詩在楚騷李杜之外的另一層風姿。

起句「一枕雞聲驚旅夢」兼用溫庭筠〈商山早行〉與黃庭堅〈早行〉，占出詩題「曉」字的內涵意蘊，早行客失枕驚夢，流徙不安的心境在一「旅」字上精緻體現出來。金川貼切地體會到溫、黃二詩中征驛客行之悲，以「雞聲」、「旅夢」輕描淡寫地勾勒出曉起的景物與經驗，語文看似平淡，實則深雋，用事渾然天成，在淺淡的字句裏併合古人的意象與今人的情韻，交互疊現，呈顯出清曉自然的律動。我們在起句中不僅可以看出金川女史用典渾化無迹的能力，同時也看出閨閣詩人出入古詩詞，馳騁思力的內在世界之深敻遼濶。

第二句「半鉤蟾影浸春江」，點出時節在春序，曉月殘影如鉤，融融洩洩，迷離渺幌，如浸潤在春江中一般。此句不僅寫天上清景，也寫春江倒影，「浸」字滋味最妙，飽涵情態與韻味，又兼寫天色與江面，令人聯想杜甫「江間波浪兼天湧」「月湧大江流」等名句。而寫「月」色用「半鉤」「蟾影」兩語典，也融合著溫庭筠「玉鉤褰翠幙」（〈菩薩蠻〉）及晏殊「玉鉤闌下香階畔」（〈玉樓春〉）的情采。

第三句「梳頭未把珠簾捲」最得宋詞神韻，馮延巳〈采桑子〉云：「一半珠簾挂玉鉤」，李璟〈浣溪沙〉：「手捲珠簾上玉鉤」。珠簾未捲，臨鏡梳頭的金川女士，其清幽麗影，不正是溫庭筠〈菩薩蠻〉中「弄妝梳洗遲」的古典佳人？我們同時也可以看到李清照「髻子傷春懶更梳」（〈浣溪沙〉）的輕愁再現。「珠簾」是金川女士詩中屢屢出現的意象，其〈春寒〉詩云：「鎮日晶簾長不捲」，〈秋意〉詩云：「珠簾高捲西風入」，〈曉山〉詩云：「珠簾高捲千峯起」，簾裏簾外，春寒秋意，任歲月遷流，風景變異，金川女士的冰心貞志與幽情隱意全蘊貯在「珠簾」二字。

末句「生恐涼風透碧窗」，承珠簾而來，化用李清照〈醉花陰〉：「玉枕紗廚，半夜涼初透」及「簾捲西風，人比黃花瘦」的意境，珠簾不捲正是生恐涼風透入，語中反襯出春寒料峭，隱隱襲人的春晨景象，碧窗內可感可愛的慧黠女士，在晨起的半晌中，已歷簾內簾外春江、月影、雞鳴等種種情境，「驚」「浸」「涼」「透」等細膩心路，全在此句中圓滿收束。（蕭麗華）

杜鵑花

殷紅①嫩紫剪輕紗，開向春風夕照斜。
疑是蜀魂啼血②在，染成樹樹似丹霞。

【註釋】

① 殷紅：深紅色。殷，深重。

② 蜀魂啼血：傳說古蜀國君王杜宇與其相鼈靈妻私通，慚而離去，其魂化爲杜鵑鳥，晝夜悲啼，至血出乃止。南朝鮑照〈擬行路難〉詩之六：「中有一鳥名杜鵑，言是古時蜀帝魂。其聲哀苦鳴不息，羽毛憔悴似人髡。」

【鑑賞】

本首爲詠物詩，吟詠杜鵑花，完全描寫杜鵑的色澤質地，尤其是從衆多的杜鵑花海的大鏡頭來表現美感趣味。

首句描寫花的色澤質地。殷紅與嫩紫是杜鵑花常見的兩種顏色，詩人以「殷」與「嫩」來形容這兩種色澤，就使這兩種相近的色相在明度與彩度上產生了較明顯的對比映襯效果，而有了色彩的豐富感。「輕紗」比喻花瓣的質地，輕柔且略帶透明的質感有如輕紗般，給人迷濛的想像空間。短短七字將杜鵑花寫得極富視覺和觸覺的美感。

第二句藉春風一方面寫開花的時間背景，一方面寫花迎風搖曳的婀娜姿態。「向」字把花與春風之間寫得很有情意，似乎花是深情獨鍾地向著春風展現她最姣美的姿情。「夕照斜」可以是花開向春風的時間場景，同時也可以是花色的喻寫和想像，那麼，「斜」字就不單是落日斜照，還是花姿嬌媚有情的展現。

第三句藉著有關杜鵑鳥與杜鵑花的神話傳說故事來抒寫花色斑紋給人的遐思。杜鵑泣血是個遙遠淒美的故事，表現了蜀國望帝對故鄉、對生命的深摯情感和執著不移的眷戀，充滿了憂傷、悲涼和無奈。詩人用一個「疑」字生動地表達出杜鵑花瓣上的斑點與血跡近似所引申的時空錯覺及情感震撼，幾乎讓詩人就要誤以爲眞的是杜鵑啼血所滴漬的。「啼」字較「泣」字更能把杜鵑鳥思鄉悲啼的哀傷聲音傳遞在字裡行間，使詩的意象較具多重的感官性。

第四句「染」與「樹樹」承接了上句的情意，把花色與典故渾合所產生的時空錯覺和情感震撼做了一次強化和擴張。鏡頭由第一句的近距特寫逐漸拉遠，最後以遠距的廣角鏡頭將杜鵑的啼血渲染成數不盡的一大片，也就把淒美的神話情味無限地渲染擴散出去了。

整體看來，這首詠物詩文字淺白易懂，但因透過古蜀國的神話典故來賦予花色濃厚的情感和悲淒的情調，使花的詠寫隱約含藏著另一個時空情境，增添了本詩淒迷的沉味與神思的情趣。（侯迺慧）

夢梅 三首之三

橫斜瘦影傍粧臺，世外煙霞一枕陪。
恍惚孤山①山下路，心隨明月出林來。

【註釋】

① 孤山：北宋詩人林逋曾隱居於西湖孤山，自稱以梅爲妻，以鶴爲子；此後人們常將孤山與梅花聯想一起。

【鑑賞】

賞梅愛梅是中國人最優雅的文化之一，梅花尤被宋人推譽爲「天下尤物」。（范成大《梅譜》）詩人之鍾情梅花，亦由此可見一斑。而講到詩人與梅花，大概以林逋之〈山園小梅詩〉最膾炙人口：「疎影橫斜水清淺，暗香浮動月黃昏」，此詩以水邊籬落映照梅枝之橫斜疎瘦，以黃昏月色烘染梅花之處處幽香，將梅花之清神逸韻表現無遺；而梅花之勝韻高格、皓潔超俗，自此也深印在中國人的詩心深處，同時明月水邊、小園幽香、疎影橫枝、孤山林逋也與梅花結下不解之緣。

本詩作者愛梅至極，不但移來世外如煙似霞的梅花插枝妝臺，而且沈睡其旁，夢起梅花來。作者到底最愛梅花的什麼？愛其幽獨超絕，氣韻高標，皓潔如明月！這是作者再三致意的，在其他詠梅的作品中就不斷重複出現，例如〈紅梅〉這一首詩贊賞梅花映雪無塵；〈梅花〉這一首詩說它似玉似仙，姍姍帶霜；〈古梅〉這一首裡也說梅花疎影瘦骨、暗香傲霜。這與林逋之賞愛梅花之精神氣韻，幾沒兩樣，所以當作者移花插來枕邊梳妝臺畔時，夢魂依稀，彷彿又見到孤山山下路，梅花精光隨著明月，從小徑幽林中煥耀出來。

這首詩的創作方法，可謂深得宋人作詩三昧。宋人作詩講究「遍參諸方」「熟讀古人書」，然後加以靈活運用，點化形容。例如蘇東坡說作詩要「以故爲新」（〈題柳子厚詩〉），黃山谷說作詩可將古人詞意奪胎換骨等等；本詩將林逋之孤山明月、橫斜疎影，寫入詩中，然後似幻似化，以夢燦出花光月色，輕靈有致，可謂巧於師法點化。尤其是將帶煙霞的梅花，移插妝臺，花旁一枕濃睡，而栩栩然夢梅，其雅人深

致，不減林逋水邊林下當年，而詩意卻在相同的體認領略中有不同的表現，這些新異處就是詩人的慧心所在、創意所在。（吳彩娥）

白桃花

縞袂①應宜托九閽②，飄搖③猶在武陵源④。
漫疑梨蕋春風影，恍似梅花月下魂。
冷淡粧成香有韻，繁華夢醒恨無言。
生驚時有漁郎⑤到，錯認冰姿作雪痕。

【註釋】

① 縞袂：原指綠萼白梅，此處轉寫白桃花冰寒仙姿。元・吳澄〈疊葉梅詩〉云：「縞袂却單寒後襲」，明・高啓〈梅花詩〉云：「縞袂相逢半是仙。」

② 九閽：皇帝之宮門，或作九天之意。唐・李商隱〈哭劉蕡詩〉云：「上帝深宮閉九閽，巫咸不下問銜冤。」

③ 飄搖：一作飄飖，飄揚剝落之意。曹植詩云：「轉蓬離本根，飄搖隨長風。」

④ 武陵源：指晉陶淵明〈桃花源記〉之桃源世界。

⑤ 漁郎：捕魚人，亦用陶淵明〈桃花源記〉中「晉太元中，武陵人捕魚爲業」之意。

【鑑賞】

此詩近晚唐風韻，在綺豔之中別出一番冰冷清姿。起句從「驚豔」中寫起，桃花本宜嫣紅，然白桃冷豔的風姿令金川女史驚爲「綠萼」白梅，因此全詩從梨、梅擬寫，在似桃若梅，非梅實桃的眞假迷離中，映襯出白桃花恍如仙人下凡的神采容顏。這種高明巧妙，虛實暗藏的陪襯法，一直在桃梅雙寫中進行，直到末聯漁郎「驚」到，「錯認」冰姿時，才令人翻然省悟白桃花的美豔眞相。

這首典型的七律，律調流轉自然，結構承轉多姿。首聯寫「縞袂」，表面上寫的是白梅花，骨子裏卻是暗藏陪襯，轉寫白桃的手法，以白梅的仙姿擬白桃之清綺。「九閽」一詞雙關，一頌白桃仙姿宜托九天之上，一寄帝閽九關，宮闕遙深，正與幽迴難尋的武陵桃源相應成趣，兩者一是富貴宦達，一是清高出世，全在一聯中巧妙結合，這正是對白桃花清艷雙得的讚歎。也是金川女史生在顯貴，心在仙源，性淨情眞的縮影。「飄搖」二字是此聯虛實兩世界出入的轉換點，九閽之虛，在紛紛墜葉飄香的搖落下，方覺猶在武陵桃源之實。這種虛實情境的穿移流轉，必須有高度的精神想像世界，這也正是金川女士出神入化的造詣所在。

頷聯「漫疑」「恍似」，承此虛實情境而來，用梨蕋寫白桃花的花容，在春風下倩影若隱若現；用梅花襯白桃的神韻，在月下如虛似幻，正如李白當年歌詠楊貴妃「雲想衣裳花想容，春風拂檻露華濃。若非群玉山頭見，會向瑤臺月下逢」一般，白桃花花魂蹁躚如仙子，在金川女史筆下凝塑出一番永恆的仙姿倩影。

頸聯以「冷淡」「香韻」承頷聯的花容神韻，用「繁華」「夢醒」轉入飄搖花落的恨憾，杜牧〈金谷園〉詩云：「繁華事散逐香塵，流水無情草自春」，花姸易老，香委煙塵，人事代謝，榮衰無期，杜牧詩中六朝金粉的失落，艷麗成空的無奈，全壓縮在金川女史此聯的對句中。「無言」二字益顯此恨綿綿，亦如杜牧〈題桃花夫人廟〉：「細腰宮裏露桃新，脈脈無言度幾春。」楚宮花埋的幽恨在脈脈無言中蘊藉而出。

尾聯「生驚」承上「飄搖」「漫疑」「恍似」的虛實轉換而來，也是「夢醒」後的驚歎。漁郎入武陵祕幽仙境，驚爲世外桃源，而桃源仙境中出塵絕世的仙人也因漁郎誤入而驚覺紅塵擾攘，幾翻人事遞嬗，這樣的出世入世，虛虛實實，頗有人生如夢，夢如人生之感，「生驚」二字因而傳神有味。「錯認」是夢醒後的覺悟，原來如此雪梅暗香疏影的冰姿，竟是武陵仙源的白桃花，頷聯「疑梨」「似梅」的一番尋繹，至此眞相大白。這種虛實雙擬，伏筆承應的手法，使全詩翻瀾多姿跌宕有致，是金川女士細緻心思的流轉呈顯。（蕭麗華）

夏日雜詠　三首之一

日長依舊似兒時，槐樹陰濃覆滿池。
蝴蝶不知春去久，又隨風絮上閒枝。

【鑑賞】

這組〈夏日雜詠〉詩，共有三首。主要在描寫夏日庭院中的景物，此爲第一首。黃金川女士出生於台南鹽水港，小學畢業後，隨母親兄長赴日本繼續求學，因此，她的童年可以說完全在南台灣渡過。南台灣的夏天十分炎熱，十八歲方隨母親返回鄉里的金川，又重溫了南台灣的炎夏，也重溫了兒時的記憶。此詩第一句「日長依舊似兒時」，正是眞情實景的寫照。記憶中童年的夏天，總是豔陽高照，而今依舊長日漫漫，燠熱未曾稍減。此句寫出了對夏日深刻的印象與感受，並引起下句對夏景進一步的描述。「槐樹陰濃覆滿池」，呈現了一個令人暑意全消的清涼世界，池塘邊一株大槐樹，枝葉濃密，綠蔭覆蓋整個池塘，上下相映，是一個最佳的乘涼所在。作者此處並未著眼於炎熱的描寫，反而營造出清幽寧靜的畫面，是其高妙之處。

第三句「蝴蝶不知春去久」，是全詩的重要轉折處，楊載《詩法家數》有言：「絕句之法，要婉曲回環，刪蕪就簡，句絕而意不絕。……至如宛轉變化，工夫全在第三句」，此詩之所以靈動活潑正由於此。作者完全拋開了對夏景的正面鋪寫，反而轉寫蝴蝶，蝴蝶向爲吟詠春天的題材，如杜甫的「穿花蛺蝶深深見」（〈曲江〉二首之二），即是描寫春天蝴蝶在花叢中飛舞的姿態，而金川此句則反寫蝴蝶不知春天早已離去，仍然翩翩起舞，隨著風中飛絮，意態悠閒的飛上枝頭。結語「又隨風絮上閒枝」，可謂出人意表，使全詩由靜態的描繪轉爲動態的呈現，從日長、槐陰的濃墨大筆轉而爲蝴蝶、閒枝的疏淡小品，不但流露了作者觀物的意趣，也蘊涵了雋永的人生哲理。

梁・鍾嶸〈詩品序〉有云：「氣之動物，物之感人，故搖蕩性情，形諸舞詠。」又云：「若乃春風春鳥，秋月秋蟬，夏雲暑雨，冬月祁寒，斯四候之感諸詩也。」可知人往往易受季節變化的影響而生煩惱愛憎，金川此詩以蝴蝶的不知，映襯出人的有知，因有知，故而心生執著，流連強求，反不如蝴蝶純任自然，一派天機，而能自得自在。「又隨風絮上閒枝」，一個「又」字，強調了蝴蝶的懵然，一個「閒」字，烘托出蝴蝶的悠遊。常言道「心靜自然涼」，人因易受牽引，往往無法以欣賞的心情看待外物的變遷；蝴蝶不覺暑熱，反而能與大自然相得相親。

作者以白描的手法寫出眼前景，看似簡單，實富逸趣，全詩流露出金川女士觀物體物精微細膩的情思，也呈現出順應自然、生機無限的閒適境界。（鍾慧玲）

思鄉

白雲隱隱①水淙淙，萬里關山②一夢通。
怪對黃花③頻洒淚，由來遊子怕秋風。

【註釋】

① 隱隱：殷盛衆多的樣子。司馬相如〈上林賦〉云：「沈沈隱隱，砰磅訇磕。」一作不明貌。張旭〈桃花谿〉云：「隱隱飛橋隔野煙。」

② 關山：指關塞與山川。徐陵〈關山月〉詩云：「關山三五月，客子憶秦川。」

③ 黃花：菊花之代稱，一作黃華。《禮記・月令》云：「季秋之月，鞠有黃華。」李清照〈醉花陰〉亦云：「簾捲西風，人比黃花瘦。」

【鑑賞】

三台鴻儒張水波曾以詩序《金川詩草》，其中有句云：「芳津月皎鍾靈氣，孤島風揚發正聲。」很貼切地傳達出金川女史詩中鍾靈毓秀的自然山水與詩歌正聲的地位。金川詩處處是詩騷風雅與唐音正聲之遺響。這首七絕、律調神似小杜，起句「白雲隱隱水淙淙」，摩景直逼杜牧〈寄揚州韓綽判官〉：「青山隱隱水迢迢，秋盡江南草未凋。」突顯鄉關何處的思鄉主題，更勾寫出鮮明的山水景象。「隱隱」「淙淙」二疊字，一狀形貌，一擬聲音，水的纏綿嗚咽如思鄉情緒綿泛不盡，而白雲隱隱更蔽翳視野，使人不能望穿鄉關，一番鄉情驚怯、困頓、猶豫的心迹全在此二疊字中蘊貯深厚。

魂夢不到關山路，既阻於白雲深水，也只能希冀夢裡縈迴，因此對句中，金川女士便擬以「一夢」通達「萬里」，以慰鄉思，「一」字的單薄、絕決、拗執，與「萬」里的迢遞、遙渺、難企，反襯出作者關山相思的精神力量何等貞定。「思鄉」是金川女史四百餘首小詩中動人的主題，閨閣深居同時又心懷時事的金川女史，家園與鄉梓一直是她切切於心的縈思對象，這與她定居嘉南、旅寓日本、重回臺南、南嫁高雄等遷移不定的生活有關。因此《金川詩草》中「思鄉」主題濃厚，例如另一組〈思鄉〉詩有句：「每憶故園人靜夜」、「故園回首路迢迢」、「鄉夢偏愁夜易闌」等等，特別在秋夜有感的〈秋感〉詩云：「千里夢魂還故國，幾分愁病滯他鄉」，尤顯得哀感低徊。在雲山萬疊，鄉關阻隔的思念中，「夢」是金川女史唯一可以憑藉的希望，因此她聊借一夢通返故鄉的擬想也因而更令人動容。

夢廻故園，醒來終是虛幻，詩人鬱悒的鄉思如何能遣？只有嗔責秋風、黃菊，若不是秋風搖落，若不是菊黃歲凋，怎惹起心底愁思？因此金川女士便以「怪對」「怕」等字眼來虛擬喝叱，草木無情，多情唯有慧心靈韻的詩人，如此一嗔怪，一驚怕，益加添增詩情盪漾，餘韻無窮。這種沈鬱情思的移轉手法，頗似李白〈春思〉中怨懟春風的羅帷思婦，我們彷彿看見李白嗔責「春風不相識，何事入羅帷」的同時，金川女史怨責黃花、秋風的神采已交疊重現。同樣的，當李清照悲秋思鄉「夢回山枕」（〈浣溪沙〉）「簾捲西風，人比黃花瘦」（〈醉花陰〉）「滿地黃花堆積，憔悴損」（〈聲聲慢〉）的同時，金川女士吟哦著「人共黃花孰比清」（〈秋感〉三首之二，見《金川詩草》，頁二五），「三秋月色牽愁易，數載鄉情入夢難」（〈秋感〉，見《金川詩草》，頁一〇五）的身影也似乎重疊複現，這是詩法與詩情雙絕獨到的詩人才能一現的神采，也是思鄉主題永恆的律調。（蕭麗華）

秋蟬

斷續清吟透碧紗，幾疑琴韻出鄰家。
自從西陸①歸來後，故國傷心咽落霞。

【註釋】

① 西陸：指秋天。《隋書・天文志》：「日循黃道東行……行西陸謂之秋。」

【鑑賞】

自古詩人逢秋嘆寂寥，宋玉悲秋憐搖落，潘安仁吟秋嗟哀愁，歐陽修說秋：草拂之而色變，木遭之而葉脫，其意蕭條，其色淒涼。而蟬的生命，幼蟲居於土中時期雖長（有長達十七年的），成蟲於夏秋後，壽命卻甚短，約只二十天左右，一入以肅殺爲主的悲秋，便命危如絲，翼薄難過隆冬。當瑟瑟風起，梧桐漸老，枯枝殘吟，嘶嘶之聲，便愈來愈沈；有時也清清冷冷地，斷斷續續、疏疏落落，穿過黃葉，沿著小徑，透進碧紗幮來。這一聲兩聲，漸低不高，漸短不長，若遠若近，似乎別有幽情暗恨在泣訴，隱約中彷彿是隔壁鄰家琴韻的流洩，引得詩人情思縈繞不已。

這一首詩，一開始便是如此從聲音——「斷續清吟」來摹寫秋蟬對於生命的哀吟；但不覺慘惻淒厲，乃是因「碧紗」「琴韻」這些精美優雅的意象，冲淡美化了原本應是淒慘哀愁的氣氛。而「幾疑」二字，懸揣的語氣，一方面表現出了詩人體物入微的專注，一方面也寫出了蟬聲在秋天之引人諸多遐想，如月下花影，拂之不去。所以下二句，便更肆力發揮詩人絢麗的想像：

自從秋天來到後，景短陰薄，萬里風烟改素顏，在一片草色烟光殘照裡，但感秋風梳骨寒，秋水冰入腸，而眼看三徑就荒，田園將蕪，故園回首，如何不傷心難堪？然命薄爲蟬，亦只有高枝抱恨，吟雲嘶月，隨著落霞將嗚咽散入秋空而已。

第三句的高妙，在於點到爲止，只說秋天來到，其餘細節概不描寫，留給讀者去塡空補白，發揮想像，參與創造。

而第四句竟以「落霞」「嗚咽」爲意象，描寫蟬聲隔空傳響的狀況；當是嘔心瀝血的刻畫經營，但筆鋒落處，卻又輕鬆自如，毫不牽張費力。詩人將蟬擬人化，說其

「嗚咽」哭泣，蟬也就具有人一般的深情。而「落霞」一詞尤易引人想起王勃〈滕王閣序〉的名句：「落霞與孤鶩齊飛，秋水共長天一色」，寫的正是秋空的飛動明潔；秋蟬餐風飲露，隔空傳響，其高潔與飛動之感，藉秋空落霞傳達出來，不亦宜乎！類此，這首詩可說是到處充滿靈動的想像力。（吳彩娥）

秋海棠①　二首之一

西風庭院雨空濛，濕透紅粧八月中。
只恐嬌姿難耐冷，幾回護惜此芳叢。

【註釋】

①秋海棠：多年生草本植物。性好溼，莖高二尺餘，色微紅多汁。秋天開粉紅色花，栽庭院中供賞。又名斷腸花、相思草等，臺灣擊缽吟常以秋海棠爲題。

【鑑賞】

首句「西風」點出季節是在秋天，秋天應是個蕭瑟的季節，百花搖落；只有秋海棠選擇在秋風蕭瑟的季節孤芳自賞的妝點大地。花開了，應是一件令人期盼又欣喜的事，花開時最怕的不是風就是雨，惱人的是此刻偏偏卻是又風又雨，其不堪已不言而喻了。

在滿庭秋風秋雨中，鏡頭焦距轉至詩題主角——秋海棠，紅花已全浸透在雨水中，多麼惹人憐惜！

三句將花擬人化，由疼惜花容進而疼惜花魂受冷。

四句「幾回」二字點出詩人心中的焦急、惋惜，曾不止一回往返照護著花叢。

將嬌嫩欲滴的花，安排在秋風秋雨愁煞人的天氣，以強烈的不協調拉開詩的張力，讓人在不知不覺中油然產生強烈的惜花之心；使得三句的憐花之情、四句的護花動作顯得自然流暢而嚴謹。

此詩雨中寫花，意象綿渺迷離，和護花的果決行動形成鮮明對比，詩人愛物仁民的人文氣質，躍然紙上。先景後情，而最後一句的「護惜」動作，正是此詩情景合一的最佳寫照。爲閨秀詩的佳篇。（廖一瑾）

震災行①

歲在丁卯②七月秋，星斗滿天月似鉤。
無端③半夜天災起，驚動家家幽夢裡。
朱户④柴門⑤啓不開，越牆穿窗急倒屣⑥。
倉皇⑦呼籲竟無門⑧，頃刻一家判⑨生死。
山川震動似雷鳴，地轉天翻實可驚。
消盡電燈成黑獄，嘈嘈⑩耳邊呼喚聲。
天色欲明偏不明，此時一刻似一更。
不知震動還多少，眠庭枕草何時了。
荒磚破瓦亂成堆，財散人亡劇⑪可哀。

樂土傷心遭惡劫，蒼生元氣何時恢。

【註釋】

①行：詩體名。漢魏以來，樂府詩多有以歌、行與歌行爲名者。歌行是一種由古樂府發展出來的詩體。其特點爲不入樂，一般不沿襲樂府古題，且以七言與兼有七言的雜言體爲主。篇幅不限，可長可短，押韻轉韻比較自由，是一種較爲自由靈活的詩體。

②丁卯：日本昭和二年，即民國十六年（西元一九二七年）。

③無端：沒有來由。

④朱戶：以朱紅所漆的門。古代帝王賞賜有功大臣或諸侯的九種物品之一。後泛指貴族豪門。

⑤柴門：用柴作的門，言其簡陋，也用以指貧寒之家。

⑥倒屣：屣音ㄒㄧˇ。古人家居，脫鞋席地而坐。客人來，急於出迎，把鞋子倒穿，形容熱情迎客。《三國志・魏書・王粲傳》載：「（蔡邕）聞粲在門，倒屣迎之。」在此則形容匆忙慌張之狀。

⑦倉皇：匆忙；慌張。
⑧無門：沒有途徑。
⑨嘈嘈：音ㄘㄠˊ。喧鬧。
⑩判：定。
⑪劇：極；甚。

【鑑賞】

本詩以歌行體描摹日本昭和二年（民國十六年）八月二十五日發生於鹽水地震的情景，是一首寓史於詩，足以彰顯台灣詩學現實主義精神的詩作。也是一首足以代表金川女史關懷現實的作品。

據《台灣日日新報》當日第一版報導，此次地震震源地距台南市十四、五哩，以新營郡下的鹽水街受害最爲慘烈，其次爲高雄、嘉義、台中等地。鹽水街總戶數一四〇〇戶，半數以上受到地震的破壞，災情極爲嚴重。金川女史是台南鹽水人，親眼目睹家鄉歷經劫難而生死離散，心中難掩悲慟之情。發而爲詩，實非短短律絕足以道盡，故以二十句歌行體敘寫家鄉災難，以抒發其淑世情懷。

首句，詩人先以丁卯之秋「星斗滿天月似鉤」星光爭輝的美景，反襯「天災」發生之後星月無光的黯淡與慘烈。當天凌晨二時十分，六．五級的大地震，雖爲時僅四十秒，但因「無端」而起，無任何警訊，因此，突如其來「地轉天翻」、「山川震動似雷鳴」的撼搖景象，使家家半夜由「幽夢」中驚醒。蒼生黎民面對突如其來的天災而手足無措的景象，詩人以「朱戶柴門啓不開，越牆穿窗急倒屣」二句傳神地描摹而出。一切匆促急遽，令人措手不及，即使「倉皇呼籲」，亦不得門徑，頃刻之間，生離死別，無論貧富，都難逃劫難。而餘震頻仍，生民心有餘悸，在燈火不明，頓成黑獄的人間煉獄中，只有耳邊呼喚喧鬧的聲浪。災民在「天色欲明偏不明」的期待落空下，只能以草爲枕，眠於空庭，渡過「一刻」猶似「一更」的漫漫長夜。心中不知何時才能完全度過劫難，重整家園。詩人對蒼生歷經「荒磚破瓦亂成堆，財散人亡劇可哀」的人生悲劇，寄予最深切的關懷，一心只念念不忘「樂土」遭此「惡劫」，不知「蒼生元氣」何時能夠恢復，一切如同往昔運轉自如？

日據時代，台灣曾發生過數次大地震，詩人多以其敏銳易感的筆觸抒寫感懷。如現代詩人守愚〈一個恐怖的早晨〉詩記錄一九三五年四月、七月連續兩次大地震的情景，詩云：「家裡就像一只小船／大地竟變成巨浪／一陣暴風襲來／浪翻了／船覆了

／坐船的人都溺死在巨浪中／又宛然是兵燹之餘／繁華的市街／一瞬　竟成廢墟／亂堆中／任檢不出一片完全的瓦片／人行道／海鋪著一具具血肉模糊的死屍／太陽也消失了它赫赫的光芒／宇宙間彌漫著無限恐怖／地心失卻了萬有引力／人類似將從此毀滅／人已沒卻了生存價值／希望也幻做一圈圈艷影／在這可怖的瞬間／生命是比一粒沙塵還輕／血和淚在交流並／呻吟與哀哼／百倍於秋夜裡的鳴蟲與哀蟬……」一現代詩；一古典詩，卻都寄寓情感於現實之中，堪稱兩相輝映。

女史感於哀樂，緣事而發，使全詩既具寓史於詩的現實精神，又結合敘事與抒情的筆致，形象鮮明地繪出天災劫難的人生悲劇。對於劫難的摹寫，女史頗能將急促惶悚的衆生相，繪聲繪色地刻畫出來。而詩歌基調由優美而悲壯地急遽變換，也使得情感顯得激越而跌宕，故而讀此詩，隨著詩人憂生憂世的悲情，讀者也逐漸走入一個驚心動魄、劇變悲淒的實事實情之中。（鄭文惠）

秋柳

九月垂條①凄復凄，西風吹動舞偏低。
疎枝錯待黃鸝②囀，瘦葉空增白馬嘶③。
莫更送行經灞岸④，那堪回首望蘇隄⑤。
天涯漫笑飄零甚，綠到春來看欲迷。

【註釋】

① 垂條：柳樹枝條柔弱下垂，故又稱「垂柳」。

② 黃鸝：黃鶯鳥之別名，又名黃鳥。李白〈秋思詩〉云：「春陽如昨日，碧樹語黃鸝。」杜甫〈蜀相〉云：「映階碧草自春色，隔葉黃鸝空好音。」

③ 嘶：馬鳴曰嘶。

④灞岸：指灞橋邊畔。灞橋在陝西省長安東，橋橫灞水上，古人於此折柳送行，又名銷魂橋。唐羅鄴〈鶯詩〉云：「何事離人不堪聽，灞橋斜日裏垂楊。」

⑤蘇隄：蘇軾所築之隄。一在浙江省杭州西湖，風景絕勝，人稱「蘇隄春曉」，隄上有六橋，宋時蘇軾在此開湖築隄，夾道植柳。一在廣東惠陽西豐湖，又名西湖，蘇軾亦曾於此買湖築隄。

【鑑賞】

革命元勳胡漢民讀金川詩〈重遊關子嶺〉：「秋草獨留新歲色，清流長作舊時聲」時，感動不已，曾在《金川詩草》題上「故國有懷，清流如舊」八字。這首〈秋柳〉情思高遠，蘊藉典雅，從柳條低迷的世界中，織出一幅故國山河的側影，行經灞岸，回首蘇隄，山川與草木同是金川胸中鬱勃的情思，她託物詠懷，如清流橫過新世代，如舊時泉聲穿流過新歲月，難怪胡漢民先生有故國清流之慟。展讀此詩，在柳條凄凄，隨風舞動的景緻背後，筆者也不禁神遊長安，心嚮西湖，勾引起一份故國遠瞻的低徊之情。

這首七律，在體類上屬詠物詩，是金川詩草中最多，也是金川女史最擅長的類型，如

〈紅梅〉、〈落花〉、〈早菊〉、〈春鶯〉、〈秋草〉等等，在娟秀雋永的寫物情態中，託物言志，尤顯得物態清新與情思纖細。據許俊雅教授統計，金川詩集中以柳爲題者即多達十幾首，從春柳、夏柳到秋柳、冬柳皆有。（見《靜對遙峯》，頁一一三，陳啓清先生慈善基金會一九九三年版）我們或可從柳枝背後，看出佳人心跡底蘊。

全詩四聯，句句寫「柳」，首聯扣題，「九月」點出「秋」，「垂條」點出「柳」，出句摩寫仲秋柳色淒迷的蕭條景象，對句寫柳枝裊弱隨風低舞的姿態。頷聯承轉，上溯時節，回憶曾有春夏蔭條，鳥鳴嚶嚶的過往，如今枝條已疎，因而說：「疎枝錯待黃鸝囀」，「錯待」二字傳情深妙。此聯同時開啓下一聯的送行意蘊，因此寫到「白馬嘶」，然瘦葉秋殘，白馬嘶啼，徒增人事往來，別緒難耐的恨憾，因此金川女史用了「空增」二字，也是傳情佳妙的語言。這一聯的神采從老杜〈蜀相〉中：「映階碧草自春色，隔葉黃鸝空好音。」及王維〈積雨輞川莊作〉：「陰陰夏木囀黃鸝」脫化而來，特別精到地傳達老杜「空」字的恨憾，寫出金川女史自己獨到的「錯待」「空增」的悵惘。

頸聯承白馬嘶啼的離情別意而來，用「莫更」、「那堪」按壓語勢，使全聯欲吐還休，含蓄有味，送行之別與回首之悵，在吞吐中迴折多姿，「灞岸」與「蘇隄」是故國兩大柳色煙籠的勝景，一表送別，一喻故國，這種山河睽隔與離情黯然的語碼，已成中國文化符碼之一，可以看出金川女史通過古典世界的涵養深邃。李白〈憶秦娥〉云：「年年柳色，灞陵傷別」，柳永〈雨霖鈴〉亦云：「楊柳岸，曉風殘月」。金川女史更屢屢用到這兩個文化符碼，〈冬柳〉四首之一云：「我與寒鴉同冷落，斷魂端在灞橋邊。」（《金川詩草》，頁四八）其三云：「縱然送客蘇隄過，忍折寒枝作馬鞭。」其四云：「灞橋一望劇凄然，無復堤籠十里煙。」〈柳絲〉詩云：「萬縷青青垂灞岸，幾曾繫住別離魂。」（《金川詩草》，頁五五）以上都可以看出金川女史對灞陵、蘇隄這兩大柳岸的依戀及其一番溫柔古典的情思。

末聯在收束全詩中另有開宕，「飄零」「天涯」是對柳色與詩情（別情）的雙雙收結，「綠到春來看欲迷」則展開等待與希望，秋盡冬來之後，春天當復不遠，屆時一片新綠的凄迷，與今日疎枝的惆悵，應是迥然不同的況味吧？（蕭麗華）

牧童歌 二首之一

飯牛①任意②且行歌③，朝上南山④夕渡河。
長夜漫漫聞扣角⑤，傷時不遇欲如何。

【註釋】

① 飯牛：餵養牛隻，即放牛之意。
② 任意：任隨己意；隨意自在。
③ 行歌：一邊行走一邊唱歌。
④ 南山：山的泛指，不必定指南邊的山。在中國古典文學傳統中，南山往往是隱逸之地的代稱。
⑤ 扣角：敲打牛角。悲歌感歎懷才不遇。《呂氏春秋．舉難》載：「甯戚欲干齊桓公，窮困無以自進……甯戚飯牛居車下，望桓公而悲，擊牛角疾歌。桓公聞之，

撫其僕之手曰：異哉！之歌者非常人也。命後車載之。」

【鑑賞】

本詩吟詠牧童的生活，並抒發了作者恬淡自在、順天任化的人生觀。

首句「飯牛」點題，指出牧童的工作內容；但是在一般的習慣裡並不用「飯」牛這樣的字眼，而多說「牧牛」。可知詩人於此有意採用典故。除了注釋中引錄的甯戚飯牛之外，《管子・小問》中也記載百里奚從「秦國之飯牛者也」被穆公舉用爲相，遂霸諸侯的故事。那麼，飯牛一詞實含有賢才屈身於卑賤之事的意思，可做爲下面議論的伏筆，詩人認爲放牛原是自在逍遙、可以率性任意的一分工作，因此以「行歌」的輕鬆快樂、怡然自得來呈顯牧童生活的愉悅，形象的使用很貼切也很具代表性。

第二句經由空間的移動，描繪出牧童靈動不羈、悠遊於山水之間的趣味。山水原是較爲遠離人群塵囂的地方，潔淨而少人事干擾，加上美景勝境的審美享受，結合了南山的隱逸意味，便營構出一個自主自決、悠然逍遙的牧童生活世界。

但到第三句，筆鋒一轉，從快樂的氛圍中跳出，擬想牧童不知在多少個漫漫長夜中聽到扣角悲歌，傷時不遇。按常理，前兩句所描繪的牧童生活有似於桃源樂園，牧童的行歌任意、上山渡河也似怡然自得，卻在第三句出現悲歌傷歎的轉折，似乎過於突兀；但因首句在「飯牛」的用詞上已隱伏了委屈埋沒的心態，故而內在的脈絡是緊密連貫的。

最後，詩人並沒有直接對這種慊然不樂的追求發出評論，而是採取反詰法，反問扣角悲歌以傷時不遇又能如何。言外之意在使人經由詰問而反省到，感懷不遇只是徒增長夜的漫漫與輾轉不平罷了，於客觀事態無所助益。

因此，全詩在歌頌任意自得、怡然恬淡的人生態度，表達了詩人曠達通徹的人生觀。而對汲營枝求、困限於時遇的痛苦人生，則以沖淡輕點的反問給予明快扼要的提醒，引發讀者深思。這種轉化否定評論的輕快筆調，與前半首任意行歌、悠遊山河的悅樂情調得到了統一。在自由流暢的情趣中又含具著深沈的人生關懷。（侯迺慧）

古戰場　二首之一

燐火青青玉骨枯，當年血跡已模糊。
不知萬里塵沙地，埋沒人間幾丈夫。

【鑑賞】

金川女士身處國家多難、戰雲密布的動亂時代，其敏銳多感的心靈，對於國家民族的前途尤爲關切，然因其處於日人高壓統治下的臺灣，一切不得自由，亦不敢高談闊論，故常將滿腔愛國情志與民族氣節寄寓於詩文之中。關於此點，黃俊傑先生於〈黃金川的情感世界與現實關懷——以《金川詩草》爲中心〉一文有詳細的剖析。文中提及女士「早歲曾赴日本留學，但流動在她身上的民族血脈，並未因接受日本教育而中斷；相反地卻更造成她對國家感懷的深刻之情。尤其當她將這些情感形諸文字時，讀者莫不可由其中讀出深沉的故國之思。」（《金川詩草》，頁一三七），是知特殊的境況，不但未曾拘限其洋溢的才華，反而更突顯其獨特的巾幗氣韻與詩作風格。

作者的故國之思，一方面如林荊南先生〈三台才女黃金川的詩〉所言，寓寄於思親之作中（見《金川詩草》，頁一二五），另方面亦可見於其以戰爭爲主題的詩作中。歷來戰爭各有其對象與類型，考諸發生於作者生存年代的戰爭，既有對內的北伐戰役，亦有對外的抗日戰爭，然而在作者的〈關山月〉、〈塞上曲〉、〈古戰場〉、〈木蘭從軍〉、〈娘子軍〉等詩篇中，所描寫的主要對象，幾乎盡是邊塞對抗異族侵略的征戍情景。透過這些詩句中隱然浮現的共通基調，可知作者並非單純吟詠古事，實是以借古喻今的表現手法，託寓其愛國心與民族情愫。正因爲作者將其愛國情思、民族氣節寓寄於描寫戰爭的詩篇中，因而此類作品的風格，在豪邁中隱然蘊藏著一股悽愴之情。

〈古戰場〉是由二首組詩組合而成的詩組，本詩爲第一首。就體裁而言，本詩是首句押韻的七言絕句。就格律而言，本詩平仄謹嚴，韻腳平整，押虞部韻。就詩題而言，本詩詩題雖泛稱「古戰場」，但因第二首有「蕭條邊塞盧龍甚」句，盧龍指盧龍塞，在今日河北省遷安縣西北，曾是三國時代魏武帝伐烏桓，北齊高洋伐契丹的重要據點，因而可知本詩所謂的「古戰場」，指的是像盧龍塞般的禦敵邊塞，而於中發生的自是抵抗外族入侵的保國衛家的戰爭。本詩首句以寂靜夜空下的閃爍燐火，塑造出昔時戰地冷寒蕭瑟的環境氛圍。次句則由眼前景穿越時間之流，追懷當年浴血奮戰以捍疆衛土的史事；作者以「血跡已模糊」的意象，一方面說明時間的流逝，以與詩題的「古」相呼應，另方面則以之象徵史事隨著時間的流衍，逐漸從人們的記憶中消褪，從而質疑戰爭的本質與意義。第三句以「萬里」象徵空間的無限延伸，隨著空間的開展，原應予人遼闊的視野氣度，然而於作者筆下，極目所見的卻盡是廣袤無人的塵沙地，這樣的意象組合，除了烘托出蒼茫壯闊的邊塞風光，同時也隱含著一股沈鬱的哀傷。第四句以熱血青年長埋沙場作結，作者藉人間丈夫與沙場枯骨的對比，彰顯戰爭的冷酷無情，與征戍者生命早逝的悲哀。

綜觀全詩，一、三句寫景，二、四句言情，由景及情，景中寓情，是一篇架構井然、情景相融的佳作。作者筆下的古戰場，其景寒，其情苦，不由使人深思戰爭的本質與意義。此外，基於上文對於作者戰爭詩的分析，並考量及其所處的時代背景與特殊環境，因而推知作者此詩並非僅是詠史感懷，實亦寓寄著對國族遭難的傷歎。詩中由古戰場抵禦外侮的戰役起興，回觀當時日軍侵華的威脅，面對國祚衰微、外侮孔極的時勢，作者憂國憫時的心情躍然紙上。黃俊傑先生言女士之詩，寓有深沉的故國之思，細讀此詩，其言的確信而有據。（蔡榮婷）

詩癖　二首之一

吟哦氣勢愛堂皇，不看尋常艷體章①。
莫笑深閨②偏執拗③，措詞蘊藉④見才長。

【註釋】

①艷體章：指堆砌華麗文字、內容貧乏的詩章。或指像南朝齊梁體專寫美女的詩篇。章，詩章。

②深閨：女子的閨房。代指弱女子。

③執拗：固執而不合常情。

④蘊藉：藉著他物而將意旨含蘊其中，使饒富深遠意味。與含蓄意近。

【鑑賞】

本詩標題爲「詩癖」，表示詩人對詩有特殊癖好，以寫作爲樂。全詩完全採用議論的方式直接說明詩人的詩觀與創作傾向。

首句說明詩人對詩歌風格的特殊偏愛，特別提及「氣勢」、「堂皇」，顯示詩人雖爲女性，卻對恢宏的氣勢及壯闊的格局有濃厚的興趣與高度的要求，執以爲創作的目標。也就是在詩歌創作的審美經驗上，金川女士傾向於壯美的追求，重視一氣呵成、渾然天工的大將之風，而避免刻意雕琢、拘泥小氣的造作。這裡顯現了詩人的聰慧與才氣。

第二句說明詩人不喜歡讀粗俗豔麗的詩章，而這些作品是尋常可見的。所謂的豔體章正與上句氣勢堂皇的詩風相反，講究的是精細的描繪，巧麗的雕琢，但在思想情意等內容方面卻異常地薄弱貧乏，是弄巧成拙的小氣詩章，對吟哦氣勢、喜愛堂皇的詩人而言，自是毫無閱讀的動機。値得注意的是，既然氣勢、堂皇與豔體章在此是相對反的，而豔體章又是尋常可見的作品，那麼就意味著氣勢恢宏、格局堂皇的詩章是不尋常的，是難得可貴的佳作。如此看來，詩人對自己的詩風是有相當含蓄的自許自信的。

對於以上的詩歌見解，詩人不但是認眞的，而且是固執堅持的。因此第三句詩人提醒道，雖然我是深閨中的女子，卻偏偏固持這樣的詩歌理想和原則，不略略鬆動妥協。爲了這與己身看來似乎不相干的事而如此固執，是有些不近常理常情，亦即第二句所說的不尋常，那是詩人的器識，因此詩人鄭重提醒莫要嘲笑此事，而在第四句直接表明了詩人的自信自許——措詞蘊藉：在前述渾然天成、氣勢堂皇的壯美詩風之內，詩人其實是經營著婉轉的表情方式，藉著意象與託寓將情意主旨蘊潛在景事之中。由內蘊的張力所爆發的震撼和氣勢才是餘韻無窮的佳作；詩人自許這樣的作品正是才華橫溢深長的結晶。

全詩並無寓託之筆，完全直接議論說明，可以看出詩人的詩歌理論與創作觀，詩人對恢宏氣度和深長意味的詩趣要求，頗與中國詩歌理論相符。（侯迺慧）

次韻酬德和女史

德耀門牆①桃李②開，和風甘雨遍吟臺。
女師養就賢巾幗③，史冊應多詠絮④才。

【註釋】

①門牆：猶言師門。語出《論語・子張》篇：「夫子之墻數仞，不得其門而入，不見宗廟之美，百官之富。」

②桃李：比喻所培育的人才或後學。

③巾幗：古代婦女的頭巾和髮飾。後作爲婦女的代稱。

④詠絮：東晉時謝道韞曾以「未若柳絮因風起」的詩句來比喻雪花紛飛的景象，受到謝安極大的讚賞，後世因此以「詠絮」來稱揚女子工於吟詠。

【鑑賞】

此詩是作者用以讚美德和女史才學兼具，並且門下濟濟多士的詩歌。「德耀門牆桃李開」；一方面讚美德和女士才德高美，足以光耀師門，另一方面說明這美好的才學不只是富潤己身增輝師門，更不容易的是向下傳承，造就了許多後輩晚生。「和風甘雨遍吟臺」則是形容德和的學生在當時全台各地的擊鉢聯吟時，都能嶄露頭角，蜚聲詩壇，但這些氣象崢嶸、鰲占詩壇的詩歌傳承者都不是尋常男子，而是巾幗中人，所謂「女師養就賢巾幗」；這種由女師造就女弟的難得現象，由此詩得到了保存，也讓吾人知道在日據時代，臺灣曾有女子開帳授徒，徒弟只限女弟子的現象，作者對此顯然十分欽佩，認爲這得宜的調教便使得世上多了許多善於吟詠的多才女子了。

本詩不但透露出作者對於同爲女性的詩人惺惺相惜的護惜之心，更清楚的表達出作者自來反對「女子無才便是德」的說法，所謂「史冊應多詠絮才」一句的背後，清晰的反應作者認爲女子如果能與男子有相同的教育機會時，未必不如男子，往往因教育得宜而成爲才德兼具的好女史，這樣的概念在她的詩歌裏，還反映在「未必無才皆淑德」（〈秋懷〉，頁九六）與「未必多才能累德」（〈雜詠〉四首之三，頁一〇三）裏，當作者期望著同時代的女詩人能入列史冊、名昭千古時，對於也是巾幗中的詠絮才的自己，恐怕也正是這份期許吧！然而年輕時代的自我期許，到了年事漸長，作者成爲人婦、人母之後，這留芳千古，力鬪鬚眉的用心，卻被現實環境摧殘的只剩下自怨自嘆了，所謂「可憐無用女兒身，千古含冤志莫伸」（〈雜詠〉四首之三，頁一〇三），她在痛恨一個人之所以永遠不得其志，不展其才，不是因其本身缺才乏德，而只是因爲是個「女兒身」，所以無法以人妻人婦之身，再如同少女時期一般，去參加擊鉢盛會，再去吟哦高咏，但不能去不代表他的心遠離了詩的世界，正因爲她的心仍繫於此處，而現實中又不能再赴盛筵，所以作者要大嘆：「何曾不學作賢人」（〈雜詠〉四首之三，頁一〇三），難道只能「一生合作守家奴」，這個舊時代才女的悲憤與抑鬱，今日讀來仍叫人深掬一淚。（涂豔秋）

古松 二首之一

覆地清陰夏最宜，風霜飽受幾多時。
漫言歸鶴①長高占②，試問年齡總不知。

【註釋】

① 歸鶴：飛回的鶴。古人以松鶴象徵長壽，如「松喬」「鶴算」。《漢書・王吉傳》云：「心有堯舜之志，則體有松喬之壽。」《易林》云：「壽如松喬，與日月俱。」苻載〈常準上人精院記〉云：「院主……標韻如松鶴。」

② 占：一音ㄓㄢˋ，同「佔」；一音ㄓㄢ，占卜推算，取「鶴算」之意。《毛詩草木鳥獸蟲魚疏》云：「鶴壽千歲。」〈瘞鶴銘〉云：「鶴壽不知其紀。」

【鑑賞】

《金川詩草》中雖多詠物詩，但草木清新，絕少寫到松樹，遍索全集只有古松二首，此爲其一，應是即景之作。全詩四句，只第一句描繪到松陰，其餘均作弦外之思，顯然又是即景中的虛寫手法，與一般直接摩刻物色的詠物詩不同，如繪畫中南宗寫意山水與北宗寫實山水之別一樣，是一首意境取勝的詠物之作。

起句「覆地清陰」勾勒出一片蔭涼松景，「夏最宜」三字點出時節。第二句「風霜飽受幾多時」，在「風霜」二字深貯情韻，「幾多時」扣合題旨的「古」字，顯出此松已經歷無以言說的歲月，風霜幾度，無法勝數，年復一年，任寒來暑往，嚴風秋霜，古松的精神與生命意涵就在「風霜」二字凸顯出來。《禮記・禮器》云：「松柏之有心也，貫四時而不改柯易葉。」李商隱〈崇讓宅讌詩〉云：「豈到白頭長只爾，嵩陽松雪有心期。」特別是《論語・子罕》中記載，孔子曾說：「歲寒然後知松柏之後凋也。」《莊子・德充符》亦云：「唯松柏獨也，在冬夏青青。」古人在面對松柏所沈吟的心志，是孤峻、長青、忠貞的表徵，貞心可與雪期，孤志可併歲長，金川女史在風霜幾多數語中已寫活了古松在中國文士心中長存的精神意蘊。

第三句用歸鶴高占，形成雙關妙語，表面上用鶴陪襯松樹之清姿古韻，實際上已承應第二句之「幾多時」寫鶴齡松壽，末句才結以「試問年齡總不知」，緊緊扣住題旨的「古」字。

此詩原有二首，較諸其二之「四季姿容長不改，千秋氣節豈能移。養成鱗甲神龍健，幾度霜風大戰時。」來看，第一首虛寫手法多，因而顯得婉轉多姿；第二首則寫實手法多，特別是姿容鱗甲一番描寫，就顯得剛健有力，這是金川女史在同題中不同的風格，對照起來饒富趣味。詩人中能同時兼具陽剛與陰柔、清新與老成之美的並不多見，由此也可以看出金川女史詩作的多樣性。（蕭麗華）

冬柳 四首之一

綰①愁最是雪霜天，瘦盡纖腰劇可憐。
我與寒鴉同冷落，斷魂端在灞橋②邊。

【註釋】

① 綰：音ㄨㄢˇ。聯絡貫通之意。

② 灞橋：在今日陝西省長安東。橋橫灞水上，古人於此處折柳送行，故又名銷魂橋。

【鑑賞】

本詩由四首首句押韻的七絕組合成詩組，四首均押先韻。除其一外，其二云：「蕭條無復葉籠煙，重過隋堤一惘然。道左是誰青眼在，不堪回首晚風前。」其三云：「臘雪摧絲最可憐，已無飛絮舞中天。縱然送客蘇隄過，忍折寒枝作馬鞭。」

其四云：「灞橋一望劇淒然，無復堤籠十里煙；容易春風仍嫋娜，不妨暫耐雪霜天。」

此詩是以冬柳作爲歌詠主體的詠物詩，作者詠柳的作品甚多，如〈秋柳〉（《金川詩草》，頁四三）、〈柳絲〉（頁五五、八九）、〈柳絮〉（頁五七）、〈新柳〉（頁一一六）等均是。始自《詩經》〈小雅．采薇〉第六章云：「昔我往矣，楊柳依依」，柳樹意象即與依依別情緊緊相繫。有關柳樹意象之象徵意義，黃永武教授〈古典詩中的桃與柳〉一文，曾作深入探討，其文云：「就柳本身的姿態而言，依依牽人的柳絲，滿路狂飛的柳絮，都構成亂絲千萬的景象，象徵多情的「惜別」，或無情的「離別」，都令人心煩慮亂、黯然銷魂！」（《中國詩學一思》），是知古典詩歌中，柳關聯著惜別與離別的心緒。金川女士所寫的〈冬柳〉，承襲中國古典的詩歌傳統，藉由詠柳來抒發最是令人難以忍受的離情別緒。

〈冬柳〉第一首組詩由惜柳起興，首二句直接點題，言滿天霜雪的冬季，那綠葉落盡，僅餘殘條的冬柳，最易勾起愁緒。正如〈新柳〉所描寫的「最愛纖腰臨水舞，如眉細葉韻難描」，作者所鍾愛的柳樹，是柔細如眉的新葉，是迎風輕拂的長條，是處處流露著蓬勃生機的春天。這種透過柳樹所展現的春天情韻，最是令人難忘，然而在寒冬的侵凌下，作者藉由「瘦盡纖腰」這種擬人化的筆法，道盡冬柳的殘敗，並抒發出「劇可憐」的感慨，充分傳達出作者愛柳、惜柳的心情。第三句運用古典詩歌中，以鳥類困境此況自我境況的傳統表現手法，藉寒鴉比況自我淒清孤獨的心境，第四句進而以「斷魂端在灞橋邊」點明本詩的題旨。作者以「斷魂」形容內心極深的愁苦，而「灞橋」是折柳送別之地，是知摧折作者心魂的不在於寒冬霜雪，也不在於酷寒敗柳，而是在於折柳送別的離情別緒，也是這種別後的孤獨，讓作者發出「我與寒鴉同冷落」的感歎。綜觀全詩的架構，作者由「冬」推及「柳」，由「柳」推及「別」，由「別」轉而以「寒鴉」作爲別後的寫照，層層環扣推展，而各層次間又以柳樹意象相貫串，實是次序謹嚴，文理細密的詩作。

第一首由惜柳推及惜別，第二首採用相同的藉柳喻情的結構，首二句言重過昔日分別的舊地，舊地重遊，但伊人何在？其內心的悵惘可以想見，因而作者藉柳樹蕭條的景象，來傳達恍然若失的惆悵心境。徘徊舊時地，不復眼前景，作者腦海中縈繞的盡是昔日的情誼，所以第三、四句巧妙運用雙關的手法，一方面同於〈新柳〉：「一開青眼雲霜消，倩得春風換舊條」的用法，以「青眼」形容柳芽初舒的柳眼，另方面則借阮籍以青白眼視人的典故，以「青眼」比喻與友人間意氣相投的眞摯情誼。《世說新語》卷二四〈簡傲〉「嵇康與呂安善……」條下，南朝梁孝標〈注〉引《晉百官名》云：「嵇喜字公穆，歷揚州刺史，康兄也。阮籍遭喪，往弔之。籍能爲青白眼，見凡俗之士，以白眼對之。及喜往，籍不哭，見其白眼，喜不懌而退，康聞之，乃齎酒挾琴而造之，遂相與善。」是言三國魏名士阮籍，能分別以青白眼看不同的人，對凡俗之士，施以白眼，見到意氣相投者，則用青眼（黑眼珠），後世因而以青眼比喻對人器重、賞識。春天的柳芽、歸來的友人，都是此時作者最渴望卻又明知不能立即實現的期盼，末句以「不堪回首晚風前」作結，流露出無限的悵歎。

第三首以雪花取代柳絮飛揚中天的景象，婉轉說明面對殘柳與送別，同是人間難以承受的傷痛。第四首則未任低沈的情緒蔓延而下，轉而將期待寄寓未來，作者以年年春天柳樹依舊嬝娜，象徵人生處處有新機，因而勉勵自己「暫耐雪霜天」，靜待與故友重逢的時日到來。歸結而言，此一詩組架構嚴謹，格律協調，並善於運用多種寫作技巧。全詩藉柳樹與離別的關聯，貫串出惜別的題旨；而其內容始於惜柳，終於盼柳，故其基調雖是惜別，卻戛然止於滿懷期盼，結得堅強有力，讀來餘味無窮。（蔡榮婷）

春燕

啣泥①江上起，深巷影飛斜。
畫棟②營新壘③，珠簾捲落霞④。
啼嬌楊柳樹，夢醒海棠花。
舊主情原重，猶思王謝家⑤。

【註釋】

① 啣泥：口中含泥的意思。啣口中含泥的意思。

② 畫棟：華麗的屋梁。與下句珠簾合爲精緻彩飾的屋宇窗帷之意。曾鞏〈峴山亭詩〉云：「馬窟飛雲臨畫棟，鳳林斜日照疏櫺。」

③ 新壘：燕子啣泥新築的巢穴。壘者土堆。

④ 落霞：指夕照晚霞。梁簡文帝〈登城詩〉云：「落霞年續斷，晚浪時迴復。」

⑤ 王謝家：指王導、謝安家，二族爲江左衣冠之盛者，《南史·侯景傳》云：「（景）請娶於王、謝，帝曰：『王、謝高門非偶，可於朱、張以下訪之。』」此詩承上句「舊主」來看，顯然化用劉禹錫〈烏衣巷〉：「舊時王謝堂前燕，飛入尋常百姓家。」

【鑑賞】

這是一首律調工穩的五言律詩，從啣泥平起，黏對妥貼，末句拗律，「思」字當平用仄，「王」字當仄用平，本句自救，唇吻仍極協暢。全詩以「燕」爲主角，啣泥寫的是燕子，影斜、新壘、嬌啼、夢醒也全是春燕風情，在末聯結出新舊之間春燕的戀主深情，可以說是寫物入微，寫景清新，寫情婉約的佳構。

起聯寫春燕從江上啣泥，飛入深巷人家，看出「春」字的意涵，就藏在此番燕來啣泥，重新築巢上。燕子冬藏春來，因此必須新築巢穴，作者不直寫春天，只用燕子啣泥的動作來表達，耐人尋思。對句寫燕飛的輕靈迅捷，避其形不寫，只寫「影」，「影」字傳神有味。金川寫燕之輕捷，常以「影」作爲意象，例如另一首〈白燕〉詩云：「玉剪輕飛處，梨花照影微。」也是以影子來勾勒白燕輕飛的靈敏迅忽。

頷聯以畫棟珠簾寫春燕的新築，也就是詩人的閨閣簾外的棟宇上。飛來的春燕啣江泥在詩人華麗的棟梁上築起新巢，詩人捲起珠簾，正好映著落霞觀燕，這不正是王勃〈滕王閣序〉：「落霞與孤鶩齊飛，秋水共天長一色」的千古美景再現？只是此時與落霞輝映的是春燕，而不是孤鶩，詩人寫的是春日落霞，也非王勃筆下的秋水天長，因而少了王勃那份凄美，反倒多了份新春燕來的清新與喜悅。而且，這一聯中棟上飛斜的是燕影，簾上捲起的是落霞，顯然也是王勃〈滕王閣詩〉：「畫棟朝飛南浦雲，朱簾暮捲西山雨」的風致再轉化，我們可以看出這位三台才子，上承初唐才子的筆力。

頸聯中一寫「啼」，一寫「夢」。倚偎柳枝，穿梭楊樹的春燕，啼聲嬌嫩，驚醒夢中詩人，簾外海棠在春陰下風姿艷麗，正如李清照〈如夢令〉所云：「試問捲簾人，卻道海棠依舊。」陸游〈花時遍遊家園詩〉云：「乞借春陰護海棠」，裴廷裕〈蜀中登第詩〉云：「海棠當戶燕雙雙」，在春陰棟下，海棠紅艷嬌麗，與枝頭啼燕交互輝映的風景，正是春天最可人的一幕，這一幕可比晏殊的「翠葉藏鶯，朱簾隔燕。」「一場愁夢酒醒時，斜陽卻照深深院。」（〈踏莎行〉）也宛如〈浣溪沙〉：「無可奈何花落去，似曾相識燕歸來，小園香徑獨徘徊。」但金川女士省却晏同叔這哀頑的落花愁夢，反倒顯出春夢海棠，燕啼楊柳的清新有味。

末聯「舊主」與「王謝」，化用劉禹錫〈烏衣巷〉詩句：「舊時王謝堂前燕，飛入尋常百姓家。」但金川女史巧妙的反用此語，原已燕入尋常百姓家的人事無奈，被金川反寫，成了燕思舊主，恩義濃厚，充滿人間溫暖，百物有情的煦煦人生。「猶思」二字，點染出不管人事如何代謝興衰，季節如何遞移更替，春燕仍思舊主，何況百物靈最的人類？這正是金川女史藉春燕去來，援生花妙筆，秉慈悲慧心，爲盛衰無常的人生所創造出的一份幸福與溫慰。（蕭麗華）

哭曾玉誼姊 二首之一

招魂無計最傷悲，杜宇啼春血滿枝。
惡夢驚人凶有驗，紅顏歷劫命難知。
交情深淺嗟身後，往事凄涼憶昔時。
窗下化粧遺物在，唾痕猶濕舊胭脂。

之二

好花辜負綺羅春，從此東風逐劫塵。
忍棄燕鶯拋舊侶，寧忘莪蓼誤慈親。
早知絕慧非真福，始信多情是恨人。
欲誄平生箋擘素，幾回擱筆淚沾巾。

【鑑賞】

〈哭曾玉誼姊〉由兩首七言律詩組成，是哭悼友人的傷逝之作。

第一首詩韻腳押支韻，是詩組中的第一首；通篇充斥著對於玉誼女士英年早逝的傷痛與惋惜，是情眞意摯的哭友詩作。首句以無計招魂點題，呈現出傷逝的深沉悲痛。「招魂」典出《楚辭》〈招魂〉，文中以「魂兮歸來反故居些」爲主線，表現出招喚亡失之魂返回故居的焦急心情。王逸認爲〈招魂〉是宋玉爲屈原而作，但今人一般認爲是屈原爲哀悼楚懷王被拘留並客死秦國而作。後世因而引用作爲思鄉、思友，或表現失魂落魄的心情的典故。此詩以「招魂」二字起始，起得沉重有力，將作者驚聞噩耗，心中交織著難以相信友人早逝的錯愕，與難捨二人深厚友誼的眷戀等種種複雜情緒，強而有力的彰顯無遺。第二句轉爲憶往，作者以杜宇啼血歸結玉誼姊一生的境遇。杜宇即子規鳥，別稱杜鵑、望帝，傳說是戰國時蜀王望帝杜宇的魂魄所化。杜宇的鳴聲淒厲，其啼音彷如「不如歸去」，傳說此鳥啼至血出乃止。作者藉杜宇啼血的悲悽以比況玉誼姊，可以約略推知玉誼生前不如意，卻又無力掙脫現實環境的束縛，終究耗盡心力而逝，透過杜宇的意象，亦隱隱浮現作者對於女性無力主控命運的不平。

第三句以惡夢凶兆象徵玉誼所以早逝實有其端倪，第四句承接上句，以「歷劫」

說明玉誼境況之險厄，彷如修道者接受劫難的考驗，而橫於其面前的，實是吉凶難卜的命運。「紅顏」與「歷劫」對舉，指出原應享受青春歲月的年輕生命，卻過早面對複雜艱險的現實，突顯出玉誼英年早逝的不幸，與促使玉誼步向死亡深淵的因素。細讀二、四兩句，其中既有慨歎，亦微有指陳，讀來令人鼻酸。第五句以玉誼亡故後的人情變化，感歎世情之現實與淡薄，由之亦可推知玉誼在世時孤立無援的景況。第六句追憶昔日情誼，作者以「往事淒涼」形容其不忍回顧玉誼一生的心境。尾聯二句，睹景思人，以「唾痕猶濕」寫物在人亡的感傷。本詩單數句言作者感發，偶數句言玉誼境遇，今昔對比，交織全篇，結構嚴密完整。透過作者的描寫，玉誼的影像呼之欲出，這是一個受困於現實環境的女子，其年輕的生命被難言的處境折磨至死。作者筆下的玉誼，其短短一生，不但沒有青春歲月應有的燦爛，反而交織著無盡的血淚，由此可以體會作者對於玉誼早逝的痛惜與憤慨。玉誼的不幸遭遇，讀之令人低迴不已。

第二首詩押眞韻。首句以「好花」比喻玉誼的青春生命如美麗的花朵般的盛開著；綺是有花紋的絲織品，羅是質地輕薄的絲織品，「綺羅」泛指綾羅綢緞或用以指婦女，此處用以形容春天的華麗繁盛，並藉春天以比喻青春歲月。首句言「好花辜負綺羅春」，當是指玉誼的境遇而言，說玉誼似花一般的美好生命，原應享受著華麗繁盛的青春時光，然而事與願違，玉誼的生命卻淪爲「東風逐劫塵」的境地。東風指春風，喻蓬勃之生命力；「劫塵」又作「劫灰」，爲佛家語，原指世界歷經劫火燃燒後的餘燼，藉以比喻繁華化爲灰燼。作者以東風逐劫塵，比喻玉誼生命史中的轉折。從作者的用語，可以了解玉誼人生變化之強烈，而這也是導致玉誼早逝的原因。首二句，作者實寓有無盡的感歎。

第三句以「燕鶯」喻閨中友儕，第四句「蓼莪」原意爲長大的莪蒿，其典故出自《詩經》〈小雅・蓼莪〉，此詩以蓼莪起興，藉以詠歎父母早逝，人子自傷不得奉養以回報父母深恩的愧恨，後常引之作爲悼念亡親的典故，此處則以之比喻不得盡孝之憾恨。頷聯表面上看來，似是責備玉誼不但忍心拋下閨中密友間的情誼，甚至遺忘〈蓼莪〉篇的教誨，辜負慈親的撫養劬勞，實際上卻是以其不得不拋舊侶、誤慈親的反諷筆法，突顯玉誼生前處境之無奈與艱險。頸聯以「絕慧」與「多情」點出玉誼的人格特質，既具敏銳透析力，又蘊含著豐富的情感，這是多麼可愛的女子，然而作者卻說絕慧非福，多情是恨人，似乎此二者成了斲傷玉誼生命的元凶。據作者的說法，似乎不要知道太多眞相，不要付出太多的感情，玉誼就不會步入死亡之路，這話說得沈重而且悲涼。實際上，此聯作者仍是運用反諷的手法，說明即使具有玉誼的聰慧與多情，亦無法撼動、融化冷酷的現實，由此既譴責玉誼所處環境的殘酷與無情，亦哀憐玉誼抱撼而亡的無辜與可憫。尾聯言欲擘素爲箋，以追懷玉誼平生，然而回顧玉誼一生以及二人間的情誼，卻淚眼模糊，難以下筆。尾聯除了傳達出傷悼之情，同時也隱含著對於婦女不幸遭遇的憤慨。（蔡榮婷）

清明

新火分來①曉氣嚴，天涯無客不愁添。
紙灰柳絮難分辨，蝶板②鶯歌任聽瞻。
幾樹桃花風料峭③，滿郊芳草雨廉纖④。
行人歸去魂應斷，東嶺雲開見玉蟾。

【註釋】

① 新火分來：唐代清明時，皇帝賜百官新火，以順陽氣；此處用新火分來代稱清明節到來。

② 蝶板：蝴蝶飛時，雙翅撲動如打板，故稱蝶板。

③ 料峭：風寒著肌戰慄貌；多形容春寒。

④ 廉纖：雨細貌。

【鑑賞】

在臺灣，春天是個多變化的季節，有時東風吹雨過青山，有時晴光萬里不可思。忽冷忽暖，忽陰忽晴，昏旦不同，一日數異，眞像諺語所說的：春天後母臉；人的情緒自然也跟著起伏抑揚不已。這時，如果是一個行旅在外的遊子，處在大自然不穩定的律動裡，自易挑起一種深淺難言的愁思。所以詩一開始，就很細膩的把握住春天的溫度與遊子的心境：淸明時節，春臨大地，地脈轉溫，然而破曉時刻，寒氣仍然逼人，在這乍暖還寒時節，意緒最難平息，浪跡天涯的遊子，此時心境如何不也跟著起起伏伏、頻添哀愁呢！

這一天人們紛紛到郊外掃墓祭祖，愼終追遠，孝思不匱，而天涯遊子，家未及歸，自顧情傷，不禁要問：我生何自？居然未能在祖先親前稍稍表達人子思慕之意！看那灰白白的紙灰與雪濛濛的柳絮到處紛紛揚揚、融融白白，巧眼難辨，傾一色的白白淡淡，怎不令人魂失意失？而難分辨的豈只是柳絮紙灰，賢的愚的、墳墓草堆，一望皆平呢！人至此境，豈能不惘然！任它蝶自拍飛，鶯自婉轉，春天歌吹熱鬧如斯，亦只是聽而不聞、視而不見、眼前滑過耳邊溜過而已！

而幾樹桃花在料峭的春風中，也冷得不開心，滿郊芳草芊芊，一任雨兒廉廉纖纖，這種物候，這種冷濕，遊子一路走去，如何不腸斷魂銷？但也許也無須爲這種氣候過份懊惱情傷呢！看哪！山邊日出河邊雨，倏忽雲開月又出來，天涯此時亦可共嬋娟呢！這就是春天，這就是心情！

這一首詩透過時間的開展，將一天中的清晨、白天、夜晚，由曉寒寫到料峭，由柳絮桃花寫到蝶板鶯歌，由雨絲風尖寫到雲破月來，將清明時節物候的微妙變化以及淒迷美麗，細膩而生動地表現出來。當然本詩更特異的是將心情與物候的轉換，巧妙地綰合起來：由開首的「天涯無客不愁添」的困惱，心情隨著景物句句轉，直到最末「東嶺雲開見玉蟾」的開解，讀者彷彿也經歷了這一番「清明」的洗禮而終感寬慰。這種轉化與陸游的〈寒食詩〉幾乎同一機杼：陸游在寒食節深刻喟嘆自身的飄泊不定後：「身如巢燕年年客，心羨遊僧處處家」，馬上寬慰自己：「賴有春風能領略，一生相伴遍天涯」。讀者冷情單緒之餘，隨著作者興致的一揚，暖意也跟著上身呢！雖然一寫春風，一寫明月，春風明月卻都是好情語呢！（吳彩娥）

春 雨 二首之一

傷春情緒惜餘芳①，如此廉纖②二月剛③。
詩未成時花又落，錫簫聲裏夕陽黃。

【註釋】

①餘芳：指尚未被春雨打落的花朵。
②廉纖：稀疏纖瘦。描繪百花零落後視覺上的蕭索。廉，仄；狹。
③剛：疑爲強硬之意。指花落後放眼所見均爲線條剛硬的枝梗。或爲剛才之意。指才剛剛二月天即已花落。

【鑑賞】

本詩寫春雨，實則是抒發由春雨感興的傷春情懷。

首句直寫傷春情緒。其情是從惜餘芳而來，而春天的芳華之所以消損，繁花之所以零落而所餘稀疏，是因春雨的摧打。故而首句的情感是隱伏在春雨的籠罩作用下被觸發的。

第二句點明月份。二月是仲春，正是「驚蟄」後「清明」前的一段多雨時節。余光中先生在〈聽聽那冷雨〉一文中對這段時節的雨有如此的描寫：「驚蟄一過，春寒加劇。先是料料峭峭，繼而雨季開始。時而淋淋漓漓，時而淅淅瀝瀝，天潮潮地溼溼，即連在夢裡，也似乎把傘撐著。而就憑一把傘，躲過一陣瀟瀟的冷雨，也躲不過整個雨季。」這就是本詩所寫的春雨，也是清冷疏瑟的廉纖的二月。因爲整個天地所有人躲不過溯溼黏膩的二月春雨，所以上句所寫的傷春情緒也就連綿到第二句來，貫穿全詩，揮之不去。

在這夢魘般的春雨中，詩人唯一可藉以抒發宣洩情緒的就是作詩。然而詩情的表達與詩藝的營構頗爲費時費心，在前次傷春觸動尚未藉詩撫平時，無邊無際的春雨又將僅餘的花朵吹落了。與繁花青春的短暫相比，原來傷春的情緒也隨同春雨一樣綿綿密密、霏霏不斷。第三句就在這花落迅速的強烈對比下潛藏著詩人愁情的密度與長度。

最後，末句停留在一天結束的黃昏定格中，只有冰涼的錫簫聲調和黃昏的夕陽色調逼現出詩人傷春惜芳的眞正內在根源原來是時間的消逝與生命光華的下降。春雨，也只是一個外在觸媒而已。如此看來，所傷的「春」，所惜的「芳」，原來都是詩人生命中黃金歲月、黛綠年華的象喻。

以春天象徵生命的黃金歲月、美好時光；以春雨象徵生命中的挫折打擊；傷春其實是在悼念時間歲月的流逝，這些在中國古典詩詞中處處可見。李煜〈虞美人〉「林花謝了春紅，太匆匆。無奈朝來寒雨晚來風」或辛棄疾〈摸魚兒〉「更能消幾番風雨，匆匆春又歸去。惜花常怕花開早，何況落紅無數」都是膾炙人口的佳作。因此，本詩可說是含富著濃厚的中國古典詩歌的抒情傳統特色。（侯迺慧）

柳絲

金梭齊擲鶯聲亂，玉剪爭拋燕語喧。
萬縷青青垂灞岸，幾曾繫住別離魂。

【鑑賞】

本詩爲詠物詩，金川以「柳絲」爲詩題者，尚有兩首，此外又有〈秋柳〉、〈冬柳〉、〈柳絮〉、〈新柳〉等詩，可知其對此一題材的喜愛。

本詩起首二句，描寫春天鶯燕爭飛，鳥語喧嘩的情景。「鶯聲」、「燕語」二詞，烘托出春光的美好；「亂」與「喧」二字，則傳達出此起彼落，聲響喧鬧的鳥鳴聲。首句「金梭齊擲」，形容成群的鶯鳥在柳樹間飛舞，就像數不清的金梭在織機上快速穿動。「金」字不但貼切的形容了黃鶯的顏色，也令人聯想春天的陽光照射在飛舞的鶯群上所閃耀的燦爛金光；而「金梭齊擲」更暗合了詩題，隱喻柳條垂直細長，如織布機上的經線。次句「玉剪爭拋」，形容燕飛上下，好似許多精美的剪子正忙著剪裁。由於燕子尾部如剪，加以毛色豐潤，故稱「玉剪」。首二句以對仗的形式出現，精切工整，意象豐富：有「金」與「玉」所呈現的華美富麗的色澤；有「齊擲」、「爭拋」所引動的速度感；也有因「鶯聲亂」、「燕語喧」所傳達的聲音之美；這些都共同鋪展出了一幅繽紛熱鬧、忙亂歡愉、令人目不暇給的春景。

第三句直接點明了主題，「萬縷青青」形容柳樹的茂密，與前二句承接；而「垂灞岸」三字，卻使原來明朗歡樂的氣氛，驟然改換為黯淡的離別場景。灞水源出於陝西藍田縣，經長安東，上設灞橋，古人送客至此，折柳贈別。因此，「灞岸」、「灞橋」，在古典詩詞中往往代表了離別的傷心地，而「柳」更成為離別的象徵，例如：楊巨源〈賦得灞岸柳留辭鄭員外〉詩有：「楊柳含煙灞岸春，年年攀折為行人」，羅鄴〈鶯詩〉有：「何處離人不堪聽，灞橋斜日裊垂楊」。金川此詩末句「幾曾繫住別離魂」，即用反問的方式明白的表示出送行的感傷，楊柳青青，既多且長，又何曾綰住離別的人呢？劉禹錫〈楊柳枝詞〉：「御陌青青拂地垂，千條金縷萬條絲。如今綰作同心結，將贈行人知不知。」擷取了柳條柔長可以綰結繫物的特質，來表達戀戀不捨的情意。金川此詩末句運用同樣的技巧，使青青的垂柳化為黯然失魂的有情物，可以說是餘韻綿渺，令人低迴不盡。

這首詩前後形成鮮明的對比，前為鬧境，後為靜境；前屬樂境，後屬憂境。在歡樂、生發的季節中添上一抹感傷的色彩，使原先飛揚滿溢的情緒稍受斂抑，進而導引至婉轉纏綿的愁思。全詩能扣合題意，又能不黏著物象，以鶯燕爭喧映襯人世的傷別，已不只是對柳的描繪或聯想而已，而是抒寫在自然時序的遷移中所隱含的一點悲慨和悵惘，作者沉著閒婉的風格由此可以得見。（鍾慧玲）

春日病中作　二首之一

紗窗長掩怯風多，瘦骨支離可奈何。
世事盡從愁裡變，春光枉向病中過。
難憑藥餌消塵瘴，且把詩篇遣睡魔。
開盡桃花飛盡絮，春衫未敢試輕羅。

【鑑賞】

詩人對於春天一向珍愛，自稱：「每到春來興味長」（〈春日〉），的確，春天一到，地脈轉溫，日兒暖暖，花兒紅酣，蝶飛鶯喧，綠柳如煙，山容水韻，一片駘蕩風光，大地蘇活，遍宇生機。這時節人們剛揮別嚴寒，卸下厚衣。意氣轉爲飛揚，內在彷彿有著某種神秘的熱望在躍動；此時若不幸罹病，輾轉臥榻，藥餌爲伴，那簡直是天人不合、人天俱失。本詩作者恰巧就在這個宇宙湧動著一股生機的時節，抱病靜息，其懊惱憂悶可知。所以詩一開始即帶出輕紗掩映深垂下、一個瘦弱內隱的生命，正爲病魔所纏，而感支離愁苦、搖搖欲墜，竟連和暖春風亦嫌其料峭侵寒而拒之入室。

外界鮮活而內室闃寂，天宇盎然而綉閣窈冥，詩人情何以堪？故第二聯緊接著甚寫其濃惱鬱卒：「世事盡從愁裡變，春光枉向病中過」——美好生命美好季節竟完全化爲折騰人的愁病苦痛！一個「盡從」，一個「枉向」，其幽憂難解、心灰意冷，可謂沸騰到極點了。

然而生命終究要向上昂揚的，苦悶要自我排解，痛苦要自我寬慰，身軀的病痛或可用精神的頑健不屈來支撐，詩裡精魂，花底江山，忘憂去病，拋愁解恨，既然藥餌難憑難治，不如轉求詩神遣病、文學醫心，或可回春。詩在這聯，陡然上揚，推開一層，喚出精神，令人心魂爲之一振。

只是啊！就怕輕羅薄衫未及試，春天就已「開盡桃花飛盡絮」，錦繡河山十九不留痕跡，到時天涯何處去招魂？生命怯弱，春光不待，時節予以生命的摧逼已夠令人心驚，再加上弱質病軀的乘乘，更令人焦慮憂急啊！詩在最後又轉入另一層深沈的喟歎。

這一首詩對於春日繁華的向慕，春光不待的憂覺，以詩遣病的強自撐持，在春日中寫這種病與生命的關懷，格外使人清醒。（吳彩娥）

柳絮 二首之一

香棉①片片玉霏霏②，廿四橋③邊弄夕暉。
高下幾疑天女散④，翩躚⑤原似雪花飛。
六朝金粉⑥餘春夢⑦，三月笙歌賸舞衣。
溷跡⑧天涯淪黑劫，故園回首已全非。

【註釋】

① 香棉：形容柳絮輕巧如棉絮。

② 玉霏霏：玉是言柳絮潔白，霏霏則形容柳絮飛飄多而且密的樣子。

③ 廿四橋：在江蘇揚州城內，一說有二十四座橋，見沈括《補筆談》卷三。一說二十四橋即是吳家磚橋，一名紅藥橋。見李斗的《揚州畫舫錄》卷十五。

④天女散：即天女散花之意，天女散花本是〈維摩詰經〉中觀衆生品內的故事；謂天女散花於大菩薩身，花即墜落，至大弟子時即著而不墜。後人有以天女散花來形容大雪紛飛的景象，而此處則是借以形容柳絮滿城的情景。

⑤翩躚：輕揚飄逸的樣子。

⑥六朝金粉：六朝指吳、東晉、宋、齊、梁、陳六代皆建都於建康；而六朝金粉是指六朝時金陵繁華靡麗的景象。

⑦春夢：比喻人事的繁華如春夜的夢境一樣容易消逝。

⑧溷：同混。

【鑑賞】

此詩是首詠物詩，以楊柳爲題抒發人生如夢的感慨，詩以「香棉片片玉霏霏」爲首句，作者企圖先描繪出楊花輕盈潔白的特質，再對那隨風起舞，隨風四散而飄得滿城迷迷濛濛的特色加以掌握，使那一幅春城無處不飛「絮」的景況於焉造就，這樣的一個場景作者把它安排在遙遠的六朝時代，二十四橋在晚天紅霞的夕陽餘暉裏，照映出六朝的金碧輝煌、橋畔水湄柳條絲絲弄碧，笙歌也正緩緩悠揚的散播著，揚州城內滿天滿地的柳絮正任意飛舞、恣情飄散，使得全城沈浸於一片迷離與神祕的面紗中，讓人不得不懷疑「天女」到了，是她散下了天華，方才能不斷從天而降，才能瀰漫處處。所謂「高下幾疑天女散」在寫柳絮從高處，無端處飄灑而來。如果這不是天女撒下的天華，那「翩躚原似雪花飛」，應該是輕盈飄逸潔白優雅的雪花。

作者在高度讚揚了楊花的姿容後，筆觸陡然急降，突然之間問到揚州在那兒？二十四橋在何處？「六朝金粉」而今安在哉？那片笙歌處處、舞榭歌台的靡麗與繁華，不過如同過眼雲煙一般，美人不在了，六代衣冠也不在了，而那一城的風絮又怎麼可能永遠飛舞在空中？永遠不墮落塵泥之上呢？當柳絮落入塵土中後，再潔白的形軀也會被溷污、再輕盈的體態也無法飛舞，過去的風飄萬里；過去的逐浪橋畔、朝暉夕陰，都如同六朝金粉一般，曾經絢爛，曾經醉人，但也如同它一樣無從尋覓，無可挽回，作者以「溷跡天涯淪黑劫」來形容楊花由如「玉」般的潔白，到沈淪塵土中的「黑」穢，所帶來的萬劫不復的幻滅感；而當它再回首眺望故園時，發現一切都已成空，風不再，絮不飛了。

本文所以不同於往昔詠絮之作，不在於他以雪以棉以花來相擬的部分，而在於他以楊花短暫而富麗的生命情調來比喻人生的繁華多姿終歸於消散，所有的一切絢爛都如那滿城的風絮同歸於靜止。不同的只是柳絮的飄棉到零落是人可感受的短暫，但人世之間的物換星移卻往往不是霎時可領略的，究其結果卻無二致，這種人生無常歸終於幻滅的感受，是本文的主旨，也是自來詩人感慨系之的原因了，鮑明遠的〈蕪城賦〉與王右軍的〈蘭亭集序〉不都是有感於人世的滄桑變化，無奈無可如何之後的作品，想來這種「故園回首已全非」的感受，往往是令人最無法釋懷，也無法看透的玄機。

（涂豔秋）

初夏書懷

憑欄忽聽數聲蟬，回首東皇①去渺然。
生不多才偏是福，身當濁世合求仙。
獨憐瘦影思黃菊，為愛清風近碧蓮。
日奉萱幃②承色笑，了無冷暖俗情牽。

【註釋】

① 東皇：即東方青帝，爲司春之神。
② 萱幃：即萱堂，爲母親所居之處，代稱母親。

【鑑賞】

這一首詩短短八句，卻寫得騰擲變化，翻疊有意，而且蘊蓄豐富。當一年容易又春歸時，大自然的聲響，鶯啼隨瘖，蟬聲轉亮。初起時，牠一聲兩聲，彷彿先試啼音，待拿得準音色音腔音值，調好聲帶後，再放意長噪齊鳴，這是初夏最先的天籟與音樂。當詩人忽聽得這數聲蟬時，心裡完全明白春已盡、春已闌、春神東皇足跡已渺然。詩一開始詩人就以如此典型的事物——蟬聲，簡括春盡夏來，文筆相當簡鍊動人。而著一「忽」字，並加「回首」張望，預告隨即要轉入下文撞擊後的檢討反省。

是的，歲月荏苒，而惜春無計留春住時，詩人覺得並不須要頹廢自喪，初夏居高聲遠的蟬叫聲，彷彿開啓了詩人另一種靈心慧質，那是一種反思：春花搖落，芳意不孤；當姹紫嫣紅開過，夏日清風碧蓮，又是另一番清景無限，端看是否有福消受清閑。詩人遂自忖道：自己既爲女流之輩，以無才爲上德，賢的是他，愚的是我，爭個什麼；又身處濁亂之世，不正應當幽居獨處，不與世事，過著神仙般與世相遺了無相涉的日子！

這一種處境的分明自覺，更使詩人幡然自悟自己那清高自芳的品格與衷心摯愛之所在。例如秋日來臨，竟日所留連忘返的，不就是那孤高獨放、風采自標的菊花下籬落邊！而夏日靜闃，最愛的便是那一塘清風碧蓮，出水亭亭了！

更可期待的是，日日可以奉親侍母，承歡膝前，言笑無已，渾不須關心世情冷暖、人間利祿功名。

就這樣，一個初夏的自省自悟，詩人的靈心慧質也充份展現無遺。尤其瘦影黃菊、清風碧蓮一聯，將人格的美麗與大自然的美麗融合一起，而情韻天然，因此人物的胸襟氣韻，遂也藉著這極簡鍊自然的幾筆，而點綴得深化無比。第二聯的「生不多才偏是福，身當濁世合求仙」，雖帶入了幾分反激，轉出了幾分突兀，但處境眞實如此，加上性情與意志所向，末聯便在有限的格局挪騰轉身：「奉萱幃、承色笑」，將生活安頓得和恬愉悅，讓讀者也深切感受到一份平凡的自足與幸福。這在文意上不單是翻進一層，在寫作上更造成騰擲跌宕的效果。換句話說，整首詩不單是含蘊豐富，結構也是巧妙出色的。（吳彩娥）

鯤鯓漁火

螢火三更市，漁人八月舟。
光輝懸北嶼，閃爍亂東流。
點點明沙草，星星雜斗牛。
客來堪極目，晚上赤崁樓。

【鑑賞】

本詩爲押尤韻的五言律詩；「鯤鯓」指的是從今日台南市安平區、安南區延伸至台南縣七股、將軍、北門等沿海地帶，早在三百餘年前，台江外海有十一個沙洲島嶼橫亙，其中南方七個是七鯤鯓，後來因海沙淤積逐漸形成陸地而與本島相連。首聯描述鯤鯓漁民於夏天八月，深夜不眠，外出捕魚的情景。作者以「螢火」借喻海上閃爍的漁火，「三更」言漁人於夜間捕魚，「市」則形容漁舟之數量甚多。一方面捕捉深夜捕魚的特殊景觀，另方面則反映漁民生活的辛苦面。頷聯言漁舟散佈於北方沙洲間與東面海流上，此是從平切面描寫海上漁火。頸聯則從立體層面，描寫海上閃爍的漁火與天上的繁星相互輝映的美景。作者運用二者皆是星星微點的共同特質，將海洋與天空貫串起來，使整個空間佈滿閃爍星光，呈現出海濱深夜特有的美感，作者對於漁火的觀察與掌握，確實有其獨到的見解。尾聯則進一步說明，若要更遼闊的俯覽鯤鯓漁火，則應登上赤崁樓。

赤崁樓得名的由來有兩種說法，一者認為此地昔日為平埔族「赤崁社」所在，後來荷蘭人於此地築城，其外觀似高樓，因而稱之為赤崁樓。另一說則認為此地是臨水的高地，閩人稱之為「磡」，後來誤寫為「崁」，又因荷蘭人築城慣用赤色磚瓦，因而稱之為赤崁樓。清代時期，赤崁樓與孔廟的文昌閣，同為台南市最高的建築，視野最為遼闊。作者〈登赤崁城〉詩云：「一上高樓繡晚煙，水光山色兩茫然。半牆落日磚猶赤，滿屋流霞瓦尚鮮。鹿耳波濤翻蜃氣，鯤鯓島嶼接晴天。牛皮遺事知真假，偶爾登臨感昔年。」（《金川詩草》，頁六八）足見日據時代，登臨赤崁樓仍可遠眺鹿耳門與鯤鯓島附近的海域，因此作者認為夜登赤崁樓，極目所見別有風味。作者此詩不但是漁民艱辛生活的記錄，同時也是台南地區地貌變遷的珍貴史料。（蔡榮婷）

秋 意 三首之一

菡萏①紅疎晚氣清，幾分涼意覺衣輕。
珠簾高捲西風入，消息驚傳一葉聲。

之二

西風乍聽度簾清，一枕新涼夢不成。
怪底殘蟬吟露冷，滿城刀尺動秋聲。

【註釋】

① 菡萏：音ㄏㄢˋㄉㄢˋ。荷花的別稱。

【鑑賞】

《金川詩草》中題咏秋天的作品很多，寫抽象之情者如〈秋懷〉、〈秋感〉、〈秋意〉等；具體咏物者如〈秋蟬〉、〈秋草〉、〈秋雲〉、〈秋柳〉、〈秋海棠〉等。本篇即選〈秋意〉三首中的兩首略作詮釋。

秋天本是動人的季節。季節的變化對敏感的詩人而言往往有所觸動，更何況金川女史心思細膩，又極愛自然。〈秋意〉第一首，作者藉著「菡萏紅疎」透露了夏日灼灼的荷花，已逐漸零落，花田由密而疏。「晚氣清」則說明了燠熱的暑氣也因著季節的變化，悄悄的消滅，晚來頓覺清涼。所以本詩的第一句便傳遞了「秋」的訊息。第二句「幾分涼意覺衣輕」，筆意順承上句而來。天候轉涼，身著夏日的衣衫竟覺得單薄了。第三句「珠簾高捲西風入」，則寫住在閨閣中的女子，捲起珠簾，也察覺了西風起兮，由此帶出結句：「消息驚傳一葉聲」。消息，即指西風帶來「秋」的訊息，「驚」字，則表現了作者對時序遞換的敏感；而「一葉知秋」，也間接道出了「秋意」。

這首詩的佳妙之處有二：一是作者經由菡萏紅疎、衣薄、西風貼切地傳達時序；二是作者將秋意之「意」，摹寫得十分細緻。初秋入晚之後的「氣清」、「涼意」，與題旨充分密合，在在顯示作者敏銳的心思。

第二首首句「西風乍聽度簾清」，西風起了，穿過簾櫳，閨閣中的詩人聽來頓生清越之感。「乍」字將初秋表達得十分傳神：西風乍起，作者乍聽。「清」字也可以有雙重意義，一指風聲，一指氣候轉涼了。第二句「一枕新涼夢不成」，詩意很明顯地順承上句。天候變了，「氣之動物，物之感人，故搖蕩性情，形諸舞詠」（鍾嶸《詩品・序》），時節的轉換使得善感的詩人睡不安穩。是因爲「新涼」罷！第三句筆鋒掉轉，由寫「人」而寫「蟬」：「怪底殘蟬吟露冷」，詩人睡不安穩，竟怪起蟬兒的微吟。而蟬兒之吟所爲何來？蓋因露冷。蟬兒吸風飲露，如今時序入秋，露珠也變冷了，遂導致蟬吟？此句實爲作者出人意表的想像。此外，也可解釋爲：詩人「一枕新涼夢不成」後，夜半竟聽到夏日留下的殘蟬，因露冷而微吟。結句「滿城刀尺動秋聲」卻是別開一境。筆鋒又是一轉，由「蟬」復轉入「人」身上。天候既涼，人們應當裁布做些禦寒的衣服了。「滿城刀尺」係爲縫製衣裳，但作者卻接以「動秋聲」，一則綰合題意，一則使得詩境疏朗開濶，不泥於實境。

這首詩的一、二兩句與前首意境頗爲相似；但是三、四兩句的變化極大。第三句所寫之境由閨閣而轉入枝椏間的寒蟬，可謂由大而小；第四句卻又轉入「滿城」，詩境由小而大。境界的轉換十分靈動，脈絡卻絲毫不亂，仍緊緊扣住「秋」，完滿地表達了「秋意」的題旨。（胡幼峯）

雞聲茅店月①

二首之一

荒涼孤館月痕斜，入耳雞聲客路賒②。
四野嘐嘐③驚旅夢，一輪皎皎上征車④。
凝寒皓魄⑤含離恨，起舞雄心⑥感歲華。
曉露未乾星未落，板橋人迹又天涯。

之二

夢回茅店捲重衾⑦，乍覺喈喈⑧入耳深。
塒⑨上有聲催皓魄，天涯無客不鄉心。
一肩行李挑殘月，萬里輪蹄趁好音。

壯志未酬⑩頻看劍，乾坤浪迹欲沾襟。

【註釋】

① 雞聲茅店月：此乃摘取晚唐溫庭筠〈商山早行〉一詩成句作爲詩題。
② 賒：音ㄕㄜ。遠也。
③ 嘐嘐：音ㄐㄧㄠ。雞鳴。
④ 征車：行旅之車。
⑤ 皓魄：月光。
⑥ 起舞雄心：及時奮勵的雄心壯志。《晉書・祖逖傳》：「（逖）與司空劉琨俱爲司州主簿，情好綢繆，共被同寢。中夜聞荒雞鳴，蹴琨覺曰：『此非惡聲也。』因起舞。」此化用祖逖聞雞起舞的典故。
⑦ 衾：音ㄑㄧㄣ。大被子。
⑧ 喈喈：音ㄐㄧㄝ。聲音和諧。《詩經・鄭風・風雨》：「雞鳴喈喈」。
⑨ 塒：音ㄕˊ。雞棲於垣。

⑩　壯志未酬：偉大的志願，尚未實現。

【鑑賞】

金川女史婚前、婚後各作了〈雞聲茅店月〉詩一組二首。本詩爲婚前作品，可能是女史課題擊缽之作。

詩人婚前曾參與月津吟社，該社於一九二三年即加入嘉社及全台詩人聯吟大會（許俊雅《臺灣文學散論》，頁一四〇。台北，文史哲，一九九四年初版），因此，女史可能藉此廣結翰墨因緣，如南社第二任社長趙雲石曾謂其「奉母僦居赤崁城西，曾小集擊缽於其寓。」可見女史曾於家中舉行當時詩壇流行的擊缽吟會，以校藝詩才。而〈雞聲茅店月〉即爲當時流行的擊缽吟詩的詩題，如賴子清所編《台灣詩海》一書，即錄有雲林陳元亨之作，其詩云：「一鉤殘月五更天，茅店荒雞擾客眠。琴劍飄零縈短夢，晨星寥落感華年。聞聲起舞欽先哲，對影傾盃憶昔賢。欲把旅愁題壁上，慼慼愧乏筆如椽。」詩中的意象與情蘊與女史所作類似，可能亦是擊缽吟詩之作。

本詩用晚唐溫庭筠〈商山早行〉「雞聲茅店月」一句爲詩題。溫詩云：「晨起動征鐸，客行悲故鄉。雞聲茅店月，人迹板橋霜。槲葉落山路，枳花明驛墻。因思杜陵夢，鳧雁滿回塘。」溫氏於唐宣宗大中末年離開長安，經過商山（今陝西商縣東南），因鄉情難抑，故作此詩，以旅途早行及故鄉之夢，表現其羈旅懷鄉的愁思。三、四兩句，向來膾炙人口。歐陽修《六一詩話》言其「道路辛苦，羈旅愁思，豈不見於言外乎？」李東陽《懷麓堂詩話》言其「人但知其能道羈愁野況于言意之表，不知二句中不用一二閑字，止提掇出緊關物色字樣，而音韻鏗鏘，意象具足，始爲難得。」溫詩三四句，捨棄一切語法關係，全用名語，並置雞聲、茅店、月、人迹、板橋、霜等六個場景，組構成「羈旅早行」的典型情景，讀者可在其善於提掇緊關物色的藝術本領中，透過「音韻鏗鏘，意象具足」的聲情，體會其言意之外的「羈旅愁思」。金川女史此組詩雖可能是課題擊缽之作，詩題轉用自溫句，但亦能化用溫詩音韻鏗鏘、意象具足的聲情，「提掇出緊關物色字樣」。

第一首，金川女史在溫氏「雞聲茅店月」詩句的意象規範下，提掇出孤館、月、雞聲、板橋、人迹等關緊物色，而「霜」則以「曉露未乾」替代，加強游子早行的時間性。但詩人爲了深化「雞聲茅店月」物色的情感意義，更突顯了「孤館」的荒涼冷寂、「月亮」的有情有意、「雞聲」的令人振奮以及「板橋」的延展性與「人迹」的飄泊感。詩人將「荒涼孤館」放在「四野」的場景下，益顯孤客寄寓空間的荒寂冷清。「

月痕斜」、「一輪皎皎」的視覺效應綰合「四野嘐嘐」的「入耳雞聲」之聽覺效應，呼應出「曉露未乾星未落」的「時間」性與「空間」性。而「凝寒皓魄」擬人化的「離恨」之情，在「起舞雄心」者有感於「歲華」不再的愁悵下，更增添飄泊者「板橋人迹又天涯」的無奈與滄桑。詩人藉由虛實相生的筆觸，交疊出荒涼孤館，旅夢驚回的夢境與聞雞起舞，客路天涯的實境，使言語之外，流溢出一股莫名的情緒，彷彿夢幻迷離，悵然若失；彷彿聞雞起舞，奮進有爲。然而，虛實雙生的情境，最終卻消融於旅人的「歲華」之感。於是，「凝寒皓魄」也沾染了旅人「離恨」的情思，旅人「又天涯」的旅程，便在「曉露未乾星未落」的時空場景下，藉由「板橋」而無限延展，使得「客路」轉而是一段雜揉多樣情緒的「天涯」旅程。

第二首，女史雖仍沿用溫詩「雞聲茅店月」一句的意象，卻僅簡要提掇出茅店、雞聲、殘月、浪迹等意象，而著重在細膩而悲壯地呈現出一般游子「天涯鄉心」與「壯志未酬」的心理反差。首聯藉由「夢回」與「雞聲」，帶出頷聯「塒上有聲催皓魄，天涯無客不鄉心」的情景。雞鳴催促著月落，也催促著旅人，而「夢回茅店」則說盡天涯飄泊者返鄉之渺茫難期，只能將希望寄託在本屬虛幻的夢寐之中。詩人將游子思鄉之情，透過虛幻的夢境，深一層地表現其思憶之深摯。夢醒瞬間，詩人加入「喈喈」的雞鳴，「乍覺」二字傳神地描摹出旅人如夢初醒的精神狀態，彷如喈喈雞鳴干擾清夢，也彷如旅人思緒尙停留在剛消逝的夢境中，足見其夢魂縈繞之深。頸聯造語靈動，富於豪情。詩人將游子早行及天涯客路的旅程濃縮在「一肩行李挑殘月，萬里輪蹄趁好音」的對偶結構中，不僅屬對工整，用辭簡鍊，連游子早行的豪邁之情也生動地顯露無遺，堪稱佳句。末聯則將豪壯之語轉入沈吟低切，「看劍」的雄姿，頗得辛稼軒〈破陣子〉：「醉裡挑燈看劍」的英氣，然而「壯志未酬」，卻使得游子「乾坤浪迹」的生涯，益顯寂寞與悲切。於是懷鄉之情與壯志未酬的悲情揉合爲一，豐富了詩歌的情蘊內涵，也使豪壯的詩風轉爲沈鬱頓挫。

女史〈雞聲茅店月〉組詩，雖承襲並化用溫氏〈商山早行〉詩中「雞聲茅店月」的意象，但因能擅用典型場景，表現內蘊的情思，故能在溫詩基本意象的規範下有所突破，更見經營。第一首，詩人在「雞聲茅店月」的時空場景中，突顯出游子「起舞雄心」的壯志，但游子的雄心壯志，卻在「歲華消逝」與「天涯飄泊」的雙疊重壓下，逐漸崩解，陷入一種惆悵無奈而又不得不然的生命悲情之中。第二首，詩人則突顯「天涯無客不鄉心」與「壯志未酬頻看劍」的心理反差，深化游子「乾坤浪迹」的寂寞情境。凡此，均變轉溫詩純粹描摹羈旅懷鄉的基本情感指向。

〈雞聲茅店月〉詩一組二首，風格殊異。一低迴婉切；一豪壯沈鬱。但情蘊內涵卻自成一體，須綴聯並觀，方能抉發詩中的眞蘊。二首雖同是懷鄉之作，但「天涯無客不鄉心」的鄉情，必須在「起舞雄心」有感於「歲華」消逝的自我反思及「壯志未酬頻看劍」的心理結構下，才得到有效的情感張力，而一種豪壯高邁之氣與悲婉沈鬱之情，也才能綰結出巨大的藝術感染力。這是讀者在閱讀組詩作品時應留意的。（鄭文惠）

歸雁 二首之一

井梧葉落影成行，萬里橫斜叫晚涼。
淒切不知秋露冷，隨風一夜到衡陽①。

【註釋】

① 衡陽：屬湖南省。衡陽有回雁峯，相傳雁到此峯不過，因此有「衡陽雁斷」之說。雁既飛不過衡陽，故多棲息於此，以避冬寒。

【鑑賞】

這是一首詠物詩。根據詩題，所詠之物是雁。不過，詩中卻不曾明白道破。換言之，作者係以隱曲的方式表現主題。第一句「井梧葉落影成行」，其中「井梧葉落」表明時序，「影成行」即指「雁」。深秋了，井旁的梧桐落葉了，此時遙望天際，見一列列雁兒飛成行。雁是一種候鳥。一到秋天，北雁南飛，爲的是度過寒冷的冬天。群群的飛雁，不論雲山阻隔，歸路迢遞，牠們都會朝著特定的方向飛去。第二句「萬里橫斜叫晚涼」，便指出了歸雁所飛的行程或許將有萬里之遙。在日暮寂寥的秋空，橫斜飛翔，一聲聲鳴叫，聽來格外淒清寒涼。善感的詩人，目睹斯景，想像與同情，遂寫下了一氣呵成的三、四句「淒切不知秋露冷」，「隨風一夜到衡陽」。雁兒的叫聲如此淒切，卻仍不止息，一逕飛翔，牠們不知秋露冷嗎？不怕天黑嗎？或許是不顧罷，爲的是早一刻隨風回到衡陽過冬。

雁，由於牠的特殊習性，特別獲得歷來詩人的青睞。雁是念群的，雁是戀舊的。否則，何以總是橫空成行，總是不顧萬里迢遙，飛回故地。金川女史的這首〈歸雁〉，就藝術技巧而言，自然渾成；情感的表達也含蓄眞摯。先就寫作技巧論，此詩首句點題，讓讀者明白她摹寫的對象。第二句景中有情，有形象有聲音。展現在眼前的景是開濶的，情卻是淒惻的。第三句順承前句「叫晚涼」而來，承接自然全無斧鑿之痕。由於雁兒「叫晚涼」，故知其情「淒切」。作者又逆推淒切之因，或緣於「秋露冷」。而群雁猶不顧淒切，又無視於秋露之冷，一逕飛翔，目的何在？她的推論是：爲了隨風一夜到衡陽。這樣的推論，是合情合理的，這樣的表達方式，也是不落俗套的。

再就情感論，金川女史所流露的是悲憫與同情。全詩寫雁，雁行萬里，雁影成行，雁聲淒清，雁情淒切。年輕而又善感的女詩人，在深秋目睹歸雁的景象，她似乎明瞭雁兒急迫歸飛的情思，因而體物寫情，遂於字裏行間流露了眞摯動人的情感。「不知秋露冷，將歸雁不顧外在環境的惡劣，一心思歸的執著表現得十分傳神，而「隨風一夜」四個字，更將雁兒歸鄉的急迫，傳達得淋漓盡致。其實，我們不妨另作思考：雁兒何必非飛回衡陽不可呢？翻山越嶺，不怕露冷，不畏風寒。爲什麼不隨處尋覓新的歸宿以過寒冬呢？歸雁的執著，不變的習性，深得詩人的理解，因此寫下了這首〈歸雁〉詩。（胡幼峯）

寄籬邊故人　四首之三

每於雪後見天真，淪落人間不染塵。
一種清高誰比擬，也應明月是前身。

【鑑賞】

〈寄籬邊故人〉共有四首。本篇選擇其中第三首作一評介。從詩題無由知悉「故人」爲誰，與作者的關係如何，但是，在第一首中作者嘗言「憐君身世劇堪悲，未向東風一展眉。莫道此身生太冷，從來霜雪獨相欺。」第二、四首中有「竹籬茅舍舊生涯」、「零落籬邊恨靡涯」之句，可見她的這位老朋友境遇堪憐，不但受人欺凌，同時流落籬邊居住。即令如此，她卻十分看重這位友人，故有四首詩寄予。本詩第一句「每於雪後見天眞」，從字面上而言，詩人每於下雪之後，看到了大自然的眞趣。第二句「淪落人間不染塵」寫雪花潔白晶瑩，飄落人間依舊如此，不染塵泥。第三句「

一種清高誰比擬」是設問句，雪的清白高潔有什麼東西比得上呢？結句「也應明月是前身」，回答了上句的疑問：大概只有明月可說是它的前身罷。

在詩歌創作的表現手法中，有賦、比、興三種，而本篇應屬第二種。全詩看似寫雪，卻無一不指人。換言之，這首詩之佳妙，正在於以「雪」比「人」。第一、二句係以雪的潔白比擬她的友人志行高潔，即使受到欺凌，仍絲毫不損她眞純美好的本質。她的清高有什麼可比擬呢？第四句答道：只有明月。明月皎潔，高掛天際，她的孤芳高潔，一如明月。因此「也應明月是前身」在詩中成爲第二個比喻。

比喻可分爲明喻與暗喻，金川女史的這首寄友人之作，從字面上來看，純粹寫「雪」，並沒有明白的指稱「人」，其中「明月是前身」也是就雪而言。但我們卻能瞭解她筆下的「天眞」、「不染塵」、「清高」等，處處都是針對了友人的秉性操持而作的描摹與讚賞。並且寫得渾然天成，不露痕迹。因此，這首詩應屬「暗喻」的手法運用得十分成功的作品。

〈寄籬邊故人〉詩組，「比喻」手法的運用乃爲特色。本篇係用暗喻，而第二首中「身比冰霜心比雪」則爲明喻。我們除了欣賞本詩的寫作技巧之外，更對作者關切友朋，不吝鼓舞讚美的胸懷感到可貴。在她的眼中，這位身世堪悲的老友，雖然遭受旁人欺負，居住在竹籬茅舍中，但是「獨伴詩書度歲華」（見詩組之二），所具備的「才華」、「玉骨」（見詩組之四），深獲金川女史的敬重。因而以冰霜比身，以心比雪，以明月比其前身，都是她眞摯之情的流露而下諸筆端的罷！（胡幼峯）

關山月

蕭瑟關城落日殘，團圓高掛白雲端。
愁生虎旅聞羌笛，風捲龍旗轉玉盤。
萬里清輝邊塞遠，三更素影鐵衣寒。
親恩應共君恩重，忍淚征人帶醉看。

【鑑賞】

《樂府古題要解》說：關山月，傷離別也。但因詩中有關、有山、有月，總喚起人一種遼濶濶邊塞景觀的感覺，故常用來表現征戰或戍守邊塞之士的離鄉背井之悲，有時也交織著征人報國孝親的一些思索。

本詩一開始即寫戍守的邊塞關城之蕭索，用一落日意象具體帶出：落日殘掛城頭，渲染得大地一片曛黃蕭瑟。本來日落城頭已覺悲悽，加一「關」字，氣氛更加不同，於是落日、關城組合成一種屬於邊塞特有的蕭瑟哀殘的悲悽畫面。

而殘陽沒去後，高掛天際的竟是圓團團的明月，多麼突兀啊！多麼不諧調啊！圓團團是否帶來溫暖？沒有，圓團團讓人想起家，想起家人團聚，但是家卻像圓月一樣，高掛天際，遙不可及呢！於是上句的衰殘蕭瑟，經此圓月之反照，彷彿雪上加霜，壓得人更加哀沈痛深！上下二句，一殘一圓，尖銳對比，卻相反適相成地雙倍加重了心情的悲哀。

月圓人不圓，百戰雄師的虎旅，長年征戰在外，如何能不思念故鄉，而鬱鬱壘壘！聽那羌笛聲，陣陣傳來，嗚嗚咽咽的，不正像親人的呼喚？不正像自己的暗啜？聽也聽不盡的邊聲，更加撩亂人心頭的哀愁啊！看那狂風暴烈的吹吼著，捲起龍旗像把利劍，吹轉玉盤似欲倒天迴地，如何不令人心驚駭折！這一聯詩人用「虎旅」「龍旗」來表現軍隊是一支勁旅，但也更說明了，它是一支百戰雄師，一身轉戰三千里，一劍曾當百萬師，不知經歷過多少腥風血雨的洗禮，因此長年不得歸，也不言可喻。故上句以羌笛引動思鄉情緒，下句以風暴寫戎馬塞垣的艱苦；都是典型邊塞詩的表現方法。但「風捲龍旗轉玉盤」一句，筆力非常雄渾矯健，氣勢可比岑參的「北風卷地白草折」

（〈白雪歌送武判官歸京〉）。

雖有勁健的戰力，堅強的鬥志，但溫柔易感的心，也是難禁鄉愁縷縷的，看那無邊月色，映照萬里，照在天那一邊的家，也照在遠在天這一邊的我，多渺遠啊！孤孤單單的三更月，照著孤伶伶的我，傾一色的白，連鐵衣也冷光閃閃，一片冰寒呢！絕域困處，艱難的心，如何消解？這一聯，上句寫空間的遼濶，邊塞的迥絕，大有絕域蒼茫更何有的荒涼感；下句寫時間的推移，心境的孤零，亦有征戍不已，壯年徒爲空的悲悽。兩句時空對舉交寫，生命彷彿被拋入一個空蕩蕩、無邊無際，沒有過去、沒有未來，攀不著任何一點的空茫當中。

其實人生一世，親恩國恩，家事國事不應當都是同等重要，該雙肩齊挑的嗎？但現在卻是不日不月，慆慆不歸，出征的戰士，只好強忍著在眼眶打轉的眼淚，帶著痛醉的心，獨看月亮！這一聯上句二種恩情的衝突，理智感情的掙扎，借一「應」字，千廻百轉的傳達了出來，下句的「忍」「帶」又把中國人特有的溫柔敦厚表現無遺，這讓人不覺要怪岑參「萬里奉王事，一身無所求。也知塞垣苦，豈爲妻子謀」（〈初過隴山途中呈宇文判官〉）太陽剛，也太矯情了！（吳彩娥）

塞上曲　四首之一

萬仞關山①接漢河②，一輪明月逐雲過。
蘆溝③流水聲聲急，應是征人涕淚多。

之四

江流日夜怨無聲，白骨銀沙相映明。
一片哀笳④吹月黑，中原已築受降城⑤。

【註釋】

① 關山：指關隘山川。
② 漢河：此處的漢河當是指雲漢、天漢之意，也就是天河。

③蘆溝：即盧溝，指今之永定河，永定河在清乾隆之前稱為無定河。

④笳：當是指胡笳，漢時流行於塞北西域一帶。漢魏鼓吹樂中常用之。

⑤受降城：為唐張仁愿所築之城，共三處。旨在防突厥之入侵。東城位於綏遠歸遠縣西河東岸；中城位於烏喇特旗西河北岸；西城則位於烏刺特旗西北河北岸。

【鑑賞】

第一詩旨在形容征夫血淚，詩以「萬仞關山接漢河」為始，點出征夫所要前往的地點是險峻難行，高入雲霄的邊塞重鎮，次句直接跳接到征夫人已經到了關塞，而且正式的扛起戍守邊防的重責大任，當其時舉目蕭然，徧無親故，只能對月興懷，遙思故園，這不是在床上輾轉反側後的「舉頭望明月，低頭思故鄉」，而是戍守在寒冰淒冷的塞外；無法坐臥，而又肩扛重任下的遊子之情，他只能怔怔的望著月亮，看它逐雲而過，看它漸漸低斜，看它會不會「轉朱閣、低綺戶」，去照那「無眠」的家人？作者另有一首〈關山月〉來描述征夫望月思鄉的旅愁：所謂「萬里清輝邊塞遠，三更素影鐵衣寒。親恩應共君恩重，忍淚征人帶醉看」，作者在這兒特別指出國恩固然重要，但親恩又何嘗是輕？在欲報國恩以至於斷絕侍親之責時，旅人的掙扎是可想見的，在忠孝不得兩全之下的移孝作忠，固能使人遠赴沙場，但戍守的孤寂，同樣的會使所有的纏縛一樣樣的由衷而起，也難怪范仲淹的〈蘇幕遮〉要說：「酒入愁腸，化作相思淚」，這分關塞戍守的淒苦，思鄉情切的無奈，即便是英雄蓋世也難以無動於衷啊。作者將這分澎澎湃湃的思鄉之情，轉而以滔滔不絕，聲聲淒切的永定河水來形容，而認爲河水之所以會漫瀾，之所以會急切奔流，都是因爲「征人涕淚多」的緣故。

南唐李後主的〈虞美人〉中曾有：「問君能有幾多愁，恰似一江春水向東流」的詞句，以水的滔滔與不絕來形容人們情緒的激盪，惆悵的深濃，恰似那一江春水洶湧奔騰。唐陳陶的〈隴西行〉則云：「可憐無定河邊骨，猶是深閨夢裏人」這是說明無定河自古即是個戰役頻仍之地，出征到這兒的伊人早已成爲沙場上的一堆白骨了，春閨中的少婦仍不知情，痴痴的在等著他回來，本詩的後兩句可以說是結合了這兩組意象，使詩歌營造出戰爭的淒苦無情，以及征人的惆悵激盪，而後在戛然而止之下，表明了作者對戰爭的看法。

最後蘆溝雖即是指永定河；而永定河乾隆以前又稱無定河，但這條無定河是在今河北境內，古亦稱滹沱河的，它的成爲邊塞重鎮是在宋與遼合議之後，兩國以此河爲界時。而陳陶〈隴西行〉中的「無定河邊骨」，則是指今榆林以北，明代長城之外的那條河，此河以北是鄂爾多斯高原，（現爲戈壁灘）這條河自古即是塞外民族與漢族爭戰的必爭之地，詩中以「蘆溝流水」與「萬仞關山」合言恐有差誤，因爲今之永定河以北是一片廣大的華北平原，而榆林以北的永定河才能遠接陰山等高大山脈。

由於詩中有「蘆溝流水聲聲急」一語，容易令人以爲此詩暗指對日抗戰一事，但查《金川詩草》上海版發行於一九三〇年，而此詩爲其一九二九年以前的擊鉢吟作品，當時蘆溝事變尚未發生，故不當指抗戰之事。

第二首詩在描繪戰爭勝利中，譴責了戰爭的無情，原本慶賀戰勝應當如老杜的「劍外忽傳收薊北，初聞涕淚滿衣裳。卻看妻子愁何在?漫卷詩書喜欲狂。」（〈聞官軍收河南河北〉）那麼地驚喜高興乃至於喜極而泣，歡愉興奮乃至於欣喜若狂，這樣的慶賀讓人們浸浴於一片歡悅的氣息中，染受詩人的歡欣鼓舞。但本詩沒有「涕淚滿衣裳」那種欣喜欲狂的情緒，反而是寫出「江流日夜怨無聲」的鬱結。「無聲」不是沒有情緒，沒有感受，無聲也不代表默許，而是一種敢怒不敢言，是一種無奈無力的呈現，江流有聲原本是天地間的美景佳色，但此處卻使之闇然無聲，「無聲」是嗚咽暗泣，泣不成聲，這就是杜甫〈兵車行〉中所說的「長者雖有問，役夫敢申恨」的那種情緒，然而那不成聲的嗚咽中已使眼淚多到足以成江成流，且日夜奔流不息，作者此處以低咽來寫水，以水來寫人的怨，而怨怒的對象不是別的，正是那無情的戰火。戰爭曾經激烈的進行過，在無數次的交鋒下，雙方都有慘烈的犧牲，這些犧牲堆築成唯一可以和河畔的銀沙相互輝映的森森白骨，在冷夜裏閃閃明滅，依稀可辨。杜甫所說的：「君不見，青海頭，古來白骨沒人收。新鬼煩冤舊鬼哭，天陰雨濕聲啾啾。」即是作者所謂的「白骨銀沙相映明」，漆黑之中除了這些枯骨白沙之外，只有敵人在戰敗之下，所吹出的聲聲凄切的胡笳曲，在這「一片哀笳吹月黑」中，我方的「中原已築受降城」，吾人已設好的受降城，準備慶功與迎歸了。

這個等待受降的時刻裏，作者並沒有以高亢興奮的情緒來反應，相反的隱隱透著「古來征戰幾人回」的感慨，勝利的背後其實犧牲了無數年輕的生命，斷送掉無數錦繡般的前程，才堆積成這麼個「勝利」，眞所謂「一將功成萬骨枯」。而敗的一方則在橫屍遍野，損兵折將之餘，不得不俯首稱臣，這一切的犧牲究竟所爲何來？人類所有的努力，所有的創造發明，不都是爲了增進人類全體的福祉？那爲何要相賊相殘，非得置對方於死地不可呢？作者運用了對比的寫法去襯托「月黑」之下的「相映明」，月黑之下，縱然有微弱的星光，也無法辨視任何物品，但詩人卻說在這片漆黑中只有森然的白骨與河岸的細沙是可辨析的，用細沙之多來形容白骨的數量時，戰爭的慘烈

即可想像。在這片黑夜之中，詩人用江流嗚咽，降人哀笳來說明不管是勝的或是負的一方都同樣的慘烈，同樣的悲壯。（涂豔秋）

菊影

重重疊疊近昏黃，不墨秋圖繪晚霜。
處士①前身空色相，偶留小照到柴桑②。

【註釋】

①處士：未仕或不出仕的士人。
②柴桑：陶淵明故里，今江西九江西南，近柴桑山得名。

【鑑賞】

「梅魂菊影商量遍，忍作人間花草看」（龔自珍〈己亥雜詩〉第二六一首），梅菊在中國文化裡都是人間尤物，有特殊高格，不是普通花草；中國人在梅花常看到林和靖的身姿，在菊花則常看到陶淵明的影子，本詩所要表現就是這種高潔風神，寫來卻曲折有致，頗堪玩味。

當歲華晼晚，霜露慘墜，衆芳蕪穢，草木殘落，菊花卻冒寒秀發，重重疊疊，生機盎然；它傲霜睨露，粲粲英英，光照秋園；而經霜洗月照的它，常愈發顯得磊落高華、耿曄瀏亮。詩人偶然的東籬駐足，不禁眼睛驟亮，精神抖擻，於是整頓全神要攝取這刹那間的永恆。首句「重重疊疊近昏黃」的黃亮，是詩人特爲揭出的菊色。根據宋人劉蒙的《劉氏菊譜·定品》所說：菊花之品以色、香爲先，姿態爲後；色澤以黃色爲正品，因爲黃爲土色，土在五行居中，爲王者之色。這種別具慧眼的青睞黃菊，是中國文化人文化成的結果，其實白菊黃花各自一般般，生處在我們這個顚覆一切的時代，當較能以自然之眼觀物，以自然之舌言情；傳統的詩人大都是文化人，這種欣賞角度，我們自可理解。

次句「不墨秋圖繪晚霜」，對於這位活色生香的秋霜美人，詩人不想搦筆蘸墨寫眞，他要用彩筆刷色圖繪，將其冷艷敷彩設色。這句承接上句的「色相」發揮，而「不」字呈現了決定當時的快刀斬亂麻，有點近乎自以爲是。

結果在詩人逸興遄飛，兔起鶻落，心追手摹之際，突然發現菊花澄澹精緻，格在其中；不單是表相煌煌瀏亮照人而已。它就像是偶然留影柴桑里的一位高蹈隱士的化身！不錯啊，它正是陶淵明的寫照：超凡絕俗、清逸淡遠；這種精神氣韻，已不能只從形跡色相中去拘執牽求了。後二句更深一層的觀照，形成對前二句的否定，以「空色相」否定「昏黃」，是一種隨立隨掃、層轉遞進的寫作方法，讀之曲折有味。

不過，更重要的是詩人對菊花精神氣韻的把握與表現。蘇軾曾說，求物之妙，如繫風捕影，要了然於心、成竹在胸，亦即表現之前須先深入且全盤的體認觀照對象；而在表現之時，顧愷之則認爲要傳神寫照，不要只在外形中刻削求似；本詩對於菊花的捕捉寫眞，基本上是這些理念的發揮，當然，借助這種理論的指導，本詩也將菊花的精神氣韻表現得淋漓盡致。（吳彩娥）

菊 夢

果然陶令①化莊生②，老圃③風高臥月明。
籬下④曲肱⑤魂亦傲，華胥⑥一覺⑦慰秋情。

【註釋】

① 陶令：指陶淵明，因其最後的官職爲彭澤縣令，在此任上辭官退隱，故稱陶令以表其隱逸淡泊，不慕榮利的人生特質。

② 莊生：指莊子。唐李商隱〈錦瑟〉詩有「莊生曉夢迷蝴蝶」的句子，即是點化莊周夢蝶的故事。本詩或即因之而稱莊子爲莊生。

③ 老圃：老園丁。此特別指在花圃間種（菊）花的老園丁。《論語．子路》孔子曾說：「吾不如老圃。」老圃指精熟於栽種花木的園丁，養花經驗豐富。

④ 籬下：菊花生長的地方。此處仍暗用陶潛〈飲酒〉詩第五首「采菊東籬下，悠然

見南山」的典故。

⑤ 曲肱：彎曲手臂以枕住頭部。表示睡眠時設備簡陋，生活簡樸。此處指睡眠、入夢。肱，手臂。《論語・述而》：「飯蔬食，飲水，曲肱而枕之，樂亦在其中矣。」故曲肱是形容簡樸自得的生活。

⑥ 華胥：華胥國。即仙境。此指如遊仙境般的美夢。《列子・黃帝》載：「黃帝晝寢，而夢遊於華胥氏之國。其國無帥長，自然而已……」

⑦ 一覺：一覺醒來。覺，醒。

【鑑賞】

本詩題爲「菊夢」而非「夢菊」，所以可以不單單理解爲夢見菊花，可能還別有所指地暗寓詩人對菊花所懷抱的特殊情感和夢想（自我期許與人生追求）。因爲本詩在意象的連結上比較特殊，比較跳動，所以表意含蓄的同時，也略帶朦朧的風格。

首句「陶令化莊生」綰結了兩個著名典故。「陶令」引用陶潛〈飲酒〉詩的典故，但具有多義的豐富性：其一是以陶令喻指菊花，那麼「陶令化莊生」就如莊周夢蝶化蝶一般；其二是直指一生鍾愛菊花、憐賞菊花的陶淵明；其三是喻指詩人本身。因為經歷「菊夢」的正是詩人，而從整本詩集來看，金川女士的確對菊花有一分特殊且獨鍾的情感，時常以「古今隱逸詩人之宗」陶潛的情操自許。「化莊生」是運用莊周夢蝶的典故。在《莊子・齊物論》中載著一個小寓言：「昔者莊周夢為胡蝶，栩栩然胡蝶也，自喻適志與。不知周也。俄然覺，則蘧蘧然周也。不知周之夢為胡蝶與？胡蝶之夢為周與？周與胡蝶則必有分矣。此之謂物化。」在夢境中莊周成為栩栩生動的蝴蝶，逍遙適志，一點也不記得自己是莊周了。甚至夢醒後還疑惑現在的自己是不是蝴蝶夢中所化的。職此可知，「化莊生」是一個比喻，比喻詩人像莊生夢蝶般夢見了菊花，而夢境中的菊花使詩人陶然忘機，甚至詩人就化作了一株傲霜擎立的菊花，渾然沈醉中不知是夢。

第二句寫菊夢的時間背景，追述進入夢境的緣由。種養菊花的純樸老圃當也是詩人自喻，喻表詩人對菊花般堅毅清卓的節操的悉心呵護、費神養顧。是老圃在明月下的臥眠而引生這一場別致的夢。「風高」一詞雙關，同時指秋夜西風與老圃養護菊情的風範。其實，植養菊花，即植養高風亮節，這不也就是詩人的菊「夢」（夢想）嗎？

第三句寫菊夢的空間背景。「籬下」既是菊花綻放的所在，必是老圃（詩人）時常流連佇足的地方。老圃在此曲肱入睡，因而做了菊夢，夢中執持不變的依然是風霜挺立的傲骨，是冰清玉潔的風格。「魂亦傲」顯示老圃養菊如菊的生命格調不單是人間世價值判斷下的選擇，更是已深入潛意識的宿世本質了；有似於佛家所說的「等流習氣」。

如此一來，第四句在夢醒之後，對自己寤寐一致的生命格調有了具體的印證，便是冷清秋情中最大的慰藉了。華胥本為仙境，此代指樂園。對詩人而言，心中的樂園並非衣食飽足、祥和無擾的境地，而是與菊花相契、醒夢一貫、深植潛在意識的生命堅持。

我們再回頭看第一句，會發現「果然」一詞隱含深意。「果然」是料想、預期被證實時所用之詞。表示這場菊夢是詩人夙昔就已預期的。但這並非意味夢境是由一連串的設計謀畫而得，而是因為對菊的情意與投射已深植詩人生命深處，故而一場菊夢是詩人情志節操與想慕修為的必然結果了。

全詩短短二十八字卻運用了五個典故，而且典故中的形象又轉化出一些新意涵，如老圃養菊的植養、修養意義等，使得這首詩不止文句典雅，意涵豐富，而且意境深遠，層層轉出曲婉的韻味來。是耐人尋味、一讀再讀的作品。（侯迺慧）

九月十五夜即事

珠簾高捲處，雲影碧悠悠。
月滿侵幽徑，風輕散俗愁。
清光千里夜，涼氣十分秋。
故國休遙望，登樓憶舊遊。

【鑑賞】

這首五言律詩，前六句寫景，後兩句寫情。由首句「珠簾高捲處」及末句「登樓」二字，透露了詩人所在的位置。她站在珠簾高捲的樓閣遠眺，視線由內而外，由近及遠。我們隨著作者層層遞進的描繪，遂於眼前展現了一副明月朗照的「秋夜圖」。但見圖中的女子，抬頭仰望，雲影在碧空悠悠浮動；俯瞰庭園，則見幽曲小徑被滿了月光。此時，涼風輕拂，將詩人心頭的俗事煩愁都吹散了。極目遙望，方圓千里都籠罩在明月的清暉裏。「涼氣十分秋」，扣題「九月十五夜」。涼意襲人，時序已入深秋了。「十分秋」即指秋意十足。因爲九月乃是秋季之末。末聯「故國休遙望，登樓憶舊遊」則爲本詩「即事」的部份，換言之，也正是抒情寫懷的部份。金川女史感時憂國的作品極多，而本篇僅以「休遙望」三字概括。祖國迢遙，國事蜩螗，不堪懷想，情感的表達是低抑而內斂的。下句「登樓憶舊遊」，則又將情思牽引到昔日同遊的夥伴身上，委婉含蓄，讀來令人低迴不已。

「詩中有畫，畫中有詩」，是蘇軾對王維詩歌的評價。今讀金川女史這首詩，寫景如畫，於輕描淡寫之中，勾勒出秋夜遙望故國，思念舊遊的景象，風格淡雅恬靜，文字質樸自然，頗有唐代王、孟詩派的神韻。

再就本篇寫作技巧而言，佈局縝密，脈絡清明；由景及情，層次井然。中間二聯的對仗，更是虛實相生，靈動有致。作者善於運用形象組合語彙，經由雲、月、風、光交織成一副月夜咏懷圖，使得詩境優美，一如畫境。

此外，更値得一提的是：本詩當爲金川女史少女時代的作品。抒情即事，能不落俗套，無小兒女之態，心念祖國，情繫友朋，在在顯示出她「巾幗中之錚錚者」（天

鶴評語）的氣宇。我們在欣賞詩作之餘，不得不對這位才女發出由衷的讚歎。（胡幼峯）

古梅

槎枒鐵骨豈尋常，老幹蒼蒼寫夕陽。
昔日曾牽高士夢，當年記點美人粧。
三更素月迷疎影，一夜東風動暗香。
莫笑枯枝無色澤，橫斜猶自傲寒霜。

【鑑賞】

金川女士的作品中有許多詠梅詩，且各具不同的主題，如〈紅梅〉、〈嶺上梅〉、〈梅花〉、〈贈梅〉、〈夢梅〉、〈問梅〉、〈梅花粧〉、〈古梅〉、〈訪梅〉等，共計十五首，可以看出金川對於梅花的偏愛。此詩以古梅爲題，因此除了對梅花的描寫外，更須著重掌握古樹老幹的形貌內涵，方能切合題旨。

古來詠梅的作品十分多，唐代鄭述誠〈華林園早梅〉詩有「獨凌寒氣發，不逐衆花開」句，賦予了梅花孤高絕俗的性格，歷代以來，詠梅也多圍繞在此一屬性，其道德的內涵已成爲文學的定式。本詩一開始即展現了雄渾的筆力，「槎枒鐵骨豈尋常」道出梅樹的蒼勁，反問的口氣斬釘截鐵，令人無從質疑；次句「老幹蒼蒼寫夕陽」，描繪出夕陽餘暉下老梅樹的身影。「老幹」與「夕陽」的相映，一是久經歲月的老樹蒼枝，一是一日將盡的夕暉落日，但是由於動詞「寫」字的妙用，卻使原本可能衰颯枯寂的畫面煥發出了生命力，且在倔強不屈中又多了一分澹泊閒適，不但點上了題意，也開啓了下文。

第三、四句爲對仗句，「昔日」與「當年」二詞，乃以追憶的筆調拉開了時間的長度，喚起對遙遠從前的美好緬想；又因連續運用兩個典故，使緬想中添加了歷史的情懷，也更切合了對「古梅」的描寫。明詩人高啓〈梅花〉詩有「雪滿山中高士臥」的名句，即用東漢袁安持志守節，大雪丈餘，高臥家中的故事，金川「昔日曾牽高士夢」一句，可說由此轉化而來，用以形容梅花的高潔傲世，不與世俗同流。「當年記點美人粧」則用南朝宋武帝壽陽公主臥於簷下，梅花飄落於額上，留下花瓣印痕，稱爲「梅花粧」的故事，此句意在烘托梅花的清艷優雅。由於典故的附麗，鐵骨老幹的古梅擁有了浪漫溫柔的記憶，其兼具高士與美人的標格氣質也因而彰顯出來。

北宋隱士林逋，性喜梅花，〈山園小梅〉詩中有云：「疏影橫斜水清淺，暗香浮動月黃昏」，爲千古名句；後南宋詞人姜夔自譜〈暗香〉、〈疏影〉二首詠梅詞，「暗香」、「疏影」已成爲梅的代稱。本詩第五、六句亦用此別稱，描寫月色下梅樹清幽疏淡的姿影，以及風中隱隱飄浮的花香。「三更素月」呈現出夜深人靜、明月相照的情景，也烘托出梅花的瑩潔無染；「一夜東風」則暗示了梅爲百花之首，先春而綻放。二句爲對仗句，營造出十分優美的意境。末尾「莫笑枯枝無色澤，橫斜猶自傲霜寒」兩句，在勸誡世人，莫笑古梅沒有潤澤亮麗的外表，須知在霜雪之中，它無所畏懼，仍舊伸展枝幹，傲然挺立。結語遒勁清奇，與首句呼應。

全詩音律諧婉，屬對工整，不但表現了古梅的精神內涵，也流露了作者對人格氣節的讚美與崇敬。（鍾慧玲）

登赤崁城①

一上高樓繡晚煙，水光山色兩茫然。
半牆落日磚猶赤，滿屋流霞②瓦尚鮮。
鹿耳③波濤翻蜃氣④，鯤鯓⑤島嶼接晴天。
牛皮⑥遺事知真假，偶爾登臨感昔年。

【註釋】

①赤崁城：在臺灣省臺南市，爲荷蘭人據臺時所建的普羅文蒂亞城的故地。鄭成功驅逐荷蘭人時，曾在此大戰，城樓舊名「紅毛樓」，今爲「赤崁樓」，已成古蹟。

②流霞：霞彩流動，自然起滅，故稱流霞。揚雄〈甘泉賦〉云：「噏清雲之流霞兮，飲若木之露英。」

③鹿耳：鹿耳門，鄭成功攻進臺灣的港口，在臺南安平附近。

④蜃氣：即蜃樓，大蛤所吐之氣。海面波平時，見遠山船舶，或城市宮室，倒映空中。又行沙漠中，見前途樹木倒映低地，此現象均稱蜃氣，舊稱蜃樓。其理因夏熱，空中溫度低空氣薄，映像折射，即成海市蜃樓之景。賈弇〈孟夏詩〉云：「蜃氣爲樓閣，蛙聲作管絃。」

⑤鯤鯓：南鯤鯓，臺南海外島嶼名鯤鯓，而南鯤鯓在濱海一帶，是金川女史少女時代的家園所在。

⑥牛皮：即牛革，指赤崁城古文物中一張記載荷蘭人投降的牛革文書。

【鑑賞】

這是一首登臨、懷古、詠史、寫景融合爲一的佳構。以遊覽赤崁城樓，融滙歷史、地理、山光、水色，鋪寫出世事如幻，史實眞假的敏銳感受來。

首聯「一上高樓」四字，語勢迅捷，有花明柳暗之餘的開豁，詩人登上高樓，視野爲之一寬，風景憬然赴目，一片晚霞煙嵐所添綴而成的赤崁樓麗景，鮮活的呈現在讀者眼前。這一句同時占出題旨「登」「城」的意涵，這是金川女史擅長的扣題技巧，詩意與題面密合無間。由登高之後，對句便是極目逞望的湖光山色，由於樓高景翳，晚煙四籠，因而金川女史便寫「水光山色兩茫然」，「茫然」二字更成了頷聯虛艷，頸聯「蜃氣」、末聯「眞假」的伏筆。

頷聯寫登臨所望的近景。半牆落日照映下的磚色彷彿仍帶有當年紅毛人新建城樓時的赤紅，滿屋宇上的晚霞流光，使得屋瓦仍覺鮮色如新，這一聯是麗日餘暉下寫實的鮮璨樓景，淒艷的「赤」「鮮」色澤，讓人敏銳察覺艷麗背後的悲哀，赤崁高樓豈能長享鮮麗，不過是流霞、落日所翻騰蒸蔚出來的浮光掠影罷了，是晚煙折影的海市蜃樓罷了，至此，首聯中「繡」字的巧妙，「茫然」的情懷，都因此突出意蘊。

頸聯寫登臨所望的遠景。遙望臺南外海，鹿耳門港口曾是鄭成功攻陷搶灘登陸的地方，波濤兀自翻湧，鯤鯓島嶼，金川女史現在寓居的處所，海靜天平，一片晴光接天。這兩句充滿今昔的對比、虛幻與眞實的對照，歷史與地理的關懷。鹿耳門遺事已遠，如翻騰不歇的潮汐，誰還記得當年歷史上這件連天波濤般的大事，一切竟如蜃氣煙樓一般虛幻不實，歷史的傳說究竟眞眞假假？登臨者的細想不免添增感慨，而鯤鯓島嶼，這一片詩人自己實實在在踩踏的土地，它眞實的座落在艷陽晴天下，眼前當下存在的事實與過往歷史存在的虛幻，是如此耐人尋味地交疊上心頭。這一聯的「蜃氣」

二字更是頷聯整個流霞樓景的總結，也是末聯眞假之感的前因。

末聯以一紙牛皮降書證明歷史曾經存在過，鄭成功英勇退敵，趕走紅毛人的遺事是不可污蔑的史實，但天地間豈有不毀的高樓？豈有不圮的牆瓦？歷史的眞假究竟能留傳多久？寄生鯤鯓，這百年生命的存在又究竟是眞是幻？金川女史在末聯中以「偶爾登臨感昔年」作收，留下這許多令人費解的內蘊。

鯤鯓是金川女史少女時代的居所，臨赤崁樓極近，因此女史經常流連赤崁城，詩集中尚有〈鯤鯓漁火〉詩（《金川詩草》，頁六〇），寫到「客來堪極目，晚上赤崁樓。」登高望遠，這一片土地曾有的歷史，便成了詩人仔細尋繹的對象，山水無言，任歲月遷流，金川女史登臨感昔，此番古今時空的對照思考，精麗的語文之中思惟細膩，充滿人事弔詭的哲思，看得出詩人精敏的思力與穿透時空的詩歌手法，皆如此詩艷麗的語言一樣，令人驚艷。（蕭麗華）

杜鵑花

濃似胭脂艷似霞，子規聲裡滯天涯。
滿腔熱血情長在，散作春風躑躅花。

【鑑賞】

鍾嶸《詩品．序》說：「氣之動物，物之感人，故搖蕩性情，形諸舞詠」，名花固足以傾國，一般花卉，其嫣嫣然，幽幽然，皎皎然，茸茸然，千嬌百媚，也各足以動人；杜鵑花即是以一片嫣嫣然紛紅駭綠吸引人，再加上背後有個淒迷故事烘染，使得本詩所寫，不單體物入微有足觀，而且浮想連翩，讀之令人興味無窮。

明朝朱國禎的《湧幢小品》說：杜鵑花以二、三月杜鵑鳴時開，有色丹如血的。杜鵑與杜鵑鳥遂被聯想一起，杜鵑鳥拈古代傳說，它的前身是蜀國國王，名杜宇，號望帝，失國身死，魂魄化爲杜鵑鳥，常悲啼不已，加上鳥嘴呈紅色，故又有杜鵑泣血的傳聞。杜鵑花在這種傳說中，爛漫花紅自被想像成杜鵑鳥啼血所化，詩是這樣寫的：

當那遠離故土，年復一年飄蕩天涯的杜鵑鳥啼遍春宇時，杜鵑花即如火如荼，燃遍山野，燒入天際；那花兒穠麗似少女粉頰上艷唇上的胭脂，紅艷又像旭日初昇，夕陽西下時紅透半天邊的丹霞。首二句以胭脂、丹霞寫杜鵑花之穠艷盛麗，形象分明；又以飄蕩天涯的子規，來暗喻杜鵑花嫣紅處處。

春風中這一片紛繁披離的紅艷，原是長情脈脈，滿腔熱血的杜鵑鳥泣血所啼化而出，它隨著東風，到處彳亍，散入無邊無際，使得春城無處不飛花呢！這段櫽括轉化了子規鳥泣血的故事，帶有一種神話的魅力。

綜合觀之，這首詩對於杜鵑花的形容極爲穠艷動人，形象眞美。同時想像力又極爲豐富，將杜鵑花幻想成是流落天隅的杜鵑鳥，點點熱血噴薄而成，富有神話般的吸引力。末句擬人化的筆法尤其生動，花竟像多情的人一樣，徘徊彳亍春風中而情思綿綿！不單有動作又有情感，眞是巧思。《文心雕龍．神思篇》說：「思理爲妙，神與物遊」「登山則情滿於山，觀海則意溢於海。我才之多少，將與風雲而並驅矣」，由本詩之體物入微，堪稱是神與物遊，才與風雲並驅！（吳彩娥）

祝尋鷗吟社①五週年大會

諸羅②靈秀蔚③人文，壇坫④風騷⑤樹一軍
此日扶輪⑥原重任，他年榮譽好平分。
定知著作堪傳世，自是襟懷迥⑦出群。
勝會堂堂⑧蒙⑨折簡⑩，未能詠絮⑪愧釵裙。

【註釋】

① 尋鷗吟社：詩社名。民國八年嘉義市方輝龍邀集地方人士創立。十二年創立五週年改稱鷗社峰二詩社鼎足。嘉義一帶詩社之結合，得力於鷗社之提倡。

② 諸羅：舊縣名。清康熙二十三年創置。治所在佳里興堡，即今臺南縣的佳里鎮。康熙四十三年移治今嘉義市。乾隆五十三年改名嘉義。

③蔚：草木茂盛。泛指興盛。

④壇坫：文人聚會應和之處而爲世所宗仰者。本爲各國盟會之處。

⑤風騷：辭章之事。風，《詩經》中的風、雅。騷，離騷。

⑥扶輪：扶翼車輪。指在車旁侍候。此處指吟社輔助嘉義地區的文風，使其鼎盛。

⑦迥：遠；高遠；突出。

⑧堂堂：場面壯觀，別開生面。

⑨蒙：承蒙。表示有幸獲得。

⑩折簡：截斷分給竹簡，即今之發送稿紙。意指受邀請寫賀詩。

⑪詠絮：歌詠柳絮。晉代才女謝道韞以「柳絮因風起」擬寫飛雪之狀，傳爲美談。後世遂用以稱美女子賦詩。此處特指創作出傑秀詩作。

【鑑賞】

這是一首做爲祝賀用的應酬詩作。因爲尋鷗吟社五週年不僅改名稱，還成爲嘉義地區舉足輕重、深具影響力的重要詩社。因此，這一年的大會就格外顯得意義非凡。而詩人既然用這首詩來祝賀祝福，前三聯就緊扣這些重要的成就而加以讚美、強化。

至於自己被邀吟創則在末聯表達謙遜心意。這前後一揚一抑的鮮明對比，更加對顯出前者的俊傑優異以及後者的戒愼謙虛。

首聯從嘉義地區整體山水氣象寫起，表達出鍾靈毓秀的環境品質對生於斯活動於斯的人們產生浸淫陶詠、潛移默化的作用。地靈則人傑，所以這裡人文之風蔚然雲湧，表現在詩歌創作方面也就能獨領風騷，猶如建軍一般樹立雄壯的詩社陣容。因此，這一聯是結合嘉義的自然靈秀之氣與人文傑蔚之風，使被祝賀的對象的文才特質顯得特別深邃且全面。

頷聯讚揚詩社吟詩創作的美事是由衆人共襄盛舉，才能承擔起扶翼嘉義文風的重任。這種百年事業雖然辛苦，卻能在他年之後共同分享榮譽。這是對詩社所有參與者的器識和氣度的歌頌。頸聯則集中到詩社詩人們的作品本身，認爲足以傳世，這不僅是文才的成就，更是作者襟懷出群的結果。這裡金川女士表達了她「文如其人」以及文學創作的本體在於人格襟懷而非舞文弄墨的遊戲等文學觀。末聯對於自己能在此次盛會受邀寫賀詩一事表達榮幸與謙遜之意，由本身的無才愧赧來對顯其他詩人的優秀。

本詩在結構上，由嘉義大地區寫到詩社的風範、德行、氣度，再及詩作的成就和預期。空間寫得頗大，時間也推想得久遠，所以不僅表現出恢宏氣象，又不失集中凝煉的主題脈絡。對詩社詩人是才德兼寫，且使讀者感受到因整體環境（諸羅靈秀）的沐浴，詩人們的才德是深固雋永、互進互動的，爲詩社營造出一片欣欣向榮、積極寧馨的美好氛圍。

因此，本詩雖受限於祝賀應酬的情面及論創作的題材限制，但在揚他抑己的原則把握下，表意相當妥貼。（侯迺慧）

夏日雜詠三十韻　三十首之八

敲殘一局夕陽低，竹院深深綠欲迷。
十二珠簾齊捲起，聽蟬閒倚畫樓西。

之十

新蟬三兩噪青槐，四面璃窗扇扇開。
屈指荷花生日①近，畫船齊泊碧江來。

之十一

長簾高捲燕歸頻，草綠苔青一色新。
莫笑蓮池閒立久，汙泥不染似吟身。

之十九

暮雲收盡晚風高，雨過蓮池綠一篙②。
好是露涼人睡靜，半簾明月讀離騷。

之二十

納涼樓閣倚天河，不向蟾宮羨素娥。
一角垂楊三面水，月明風入畫簾多。

【註釋】

① 荷花生日：江南風俗以農曆六月二十四日爲觀蓮節，亦名荷花生日。
② 篙：撐船的竹竿。

【鑑賞】

〈夏日雜詠〉三十韻是《金川詩草》中的巨製，爲金川女史早期的作品。詩組取材豐富，主題圍繞在夏日家居生活所見所感，故以「雜詠」爲題。三十首詩各具特色，風貌紛陳，足以顯示作者旺盛的創作力及敏銳的觀察力。而其幽邈的情思與深刻的內涵，亦一一於作品中湧現。茲選其中五首略作詮評。

第八首首句「敲殘一局夕陽低」，「夕陽低」點明了時間。夕陽西下，天色漸暗，這盤棋無法分勝負了，留下殘局。第二句「竹院深深綠欲迷」，竹林蒼蒼的院落，因光彩漸暗而顯得綠意朦朧。第三句筆鋒掉轉，「十二珠簾齊捲起」，「齊捲起」指捲簾的動作瀟脫、豪邁。「十二珠簾」則顯現樓閣建築的軒敞，簾幕寬闊。「聽蟬閒倚畫樓西」，字面明白寫出詩人的動作：閑倚西邊的畫樓聽蟬。

這是一首閒適詩。描寫一個夏日的黃昏，詩人與朋友在庭院下棋。天色隨著日斜而漸暗，他們只好歇手，留下了殘局。「敲」字極爲響亮，傳達了下棋的動作。第二句係就戶外的「光」「景」而作描摹。庭院因密植竹木而多層次，故予人「深深」之感。而「綠欲迷」三字，更將暮色之中深深竹林，因光線昏暗而呈現的迷離惝怳的景象，表現得浪漫而動人。三、四兩句則由戶外而轉入室內，動作連貫。詩人瀟灑地將畫樓西畔的珠簾一口氣全都捲起來了，爲了什麼呢？聽蟬。下完棋後聽蟬鳴，何等愜意。如此興致，遂予人一種閒適之感。

本詩的寫作特點有四：一是描寫有層次，戶外室內，境界分明；二是用字纖巧，如「敲」、「低」、「迷」。三是景的描摹細膩，觀察入微，如光影的漸暗，視線的模糊，掌握得十分準確，因此，將黃昏的竹院，意象生動地展現出來。四是情性的流露，運用三、四兩句眞切地傳達，故詩人率眞的個性充分可見。

少女時代家居臺南鹽水港的金川女史，在第十首詩中將家鄉的夏日景觀，作了生動的描繪。首句「新蟬三兩噪青槐」，寫那蟬隻藏身於綠蔭濃密的槐樹間，不時傳出聒噪的長鳴。新蟬的「新」字，透露了時序，時當「初」夏，天氣逐漸炎熱了。第二句「四面璃窗扇扇開」，正是夏日家居的實景。南臺灣的夏天，家家戶戶都必然打開家中每一扇玻璃窗，爲的是消散暑氣。第四句筆鋒掉轉。詩人屈指一算，「荷花生日」不是快到了嗎？結句「畫船齊泊碧江來」，筆勢更爲開闊，「畫船齊泊」四字可以令人想像舫舟齊來的熱鬧，也可感受到人們爲賞荷而麇集的熱情。

這首詩的結構相當勻稱。一、二兩句扣題，就「夏日」發揮；三、四兩句寫「雜詠」，詠的是關於荷花的事。在取材方面，作者選擇了具有季節代表性的事與物。譬如蟬，譬如荷花。但是心思細膩的作者，她爲了有別於秋蟬、寒蟬，因此本詩用了「

新蟬」，更明確地加以區隔，顯示時間上的差異。此外，蟬鳴的方式也不一樣，夏蟬的叫聲用「噪」，而秋蟬的叫聲入耳的感覺卻是「吟」了。所以她在〈秋意〉一詩中，用了「怪底殘蟬吟露冷」。從「噪」、「吟」之別，充分可見作者用字的審慎、心思的靈巧以及感覺的敏銳了。至於寫荷則用曲筆。她並不直接描摹荷花的美盛。她運用「荷花生日」的典故。以這年年不變的日子，暗指時間；同時，也非常技巧的帶出了下一句年年也都可能發生的盛況：畫船齊泊。而這盛況，並非出於純粹的想像，乃是根據作者往年的經驗——美感經驗。作者將她的美感經驗在詩中再次呈現，遂造成一種虛、實莫辨的境界，而這境界也就成爲全詩最靈動傳神的所在。換言之，我們賞析這首詩，結構、取材、用字都還是其次的，本詩最令人讚賞之處，當是作者巧妙的運用美感經驗，將詩帶至極美的境界。造境之美，是此詩表現最成功的地方。

欣賞詩詞的要件之一，是必須富於想像。而一首好詩，也必須能激發讀者的想像。《夏日雜詠》第十一首，出現的名物不少，而這些名物，都能一一牽動作者的想像。

首句「長簾高捲燕歸頻」，所描繪的場景是：詩人將長長的帷簾都捲起來了，臨窗她看到燕子飛來飛去，往還穿梭。「頻」字傳達了「反覆」的訊息。接著，詩人又看到了第二幅景象：「草綠苔青一色新」。夏日的綠草青苔顯得分外濃密，「一色新」，加強了「綠」、「青」，更予人一種生生不息的感覺。第三句展開第三幅景象：「莫笑蓮池閒立久」，詩人悠閑地站在蓮池邊，並且有一段時間了。結句「汙泥不染似吟身」，那出汙泥而不染的蓮花，不正像自己嗎？由「汙泥不染」四字，暗喻作者自身的清白脫俗。

我們讀這首詩的感覺，像是在欣賞一幅中國園林畫的手卷。由於作者妙巧的文字，激發了讀者的想像，因而產生鮮活如在目前的畫面。畫面有動態也有靜態。「長簾高捲」寫詩人的動作，「燕歸頻」寫燕子穿梭不停的動作，所以手卷中的第一幅是動態的景象，相對於前句，第二幅呈現的是靜態。綠草青苔都不會動。可是，靜態之中，由於「新」字的巧妙，使我們覺察一股生命在不斷地孳生、成長，因而又蘊含了動態的美感。第三幅畫面是詩人閑立蓮花池畔。是賞花呢？或是胡思亂想呢？「莫笑」兩字，有詩人的自我調侃，而她心中眞正所想的，卻是「汙泥不染似吟身」。詩人由衷地欣賞蓮的特質——出汙泥而不染，因而詩人便藉文字表達了她的心志：她也願像蓮花一般。我們也可以解讀作：詩人覺得出汙泥而不染的蓮花，正和自己一樣，清白高潔。總之，這第三幅圖畫，人花相映，以花比人，以花托志，充分流露了金川女史孤標自傲的節操，出塵脫俗的志行。

所以，經由以上的分析，論及這首詩的成功之處，可歸納出兩點特色。特色之一即在於寫景如畫；畫面動、靜皆具，動、靜皆栩栩如生。特色之二則在於托物寄情，抒情言志；貴在自然吐露，並無造作之感。

第十九首詩一、二兩句寫的是某箇夏日的黃昏；三、四兩句則寫當日的深夜。所以就結構而言，是十分清晰的；就時間而言，也是連續的。一場黃昏雨，將天邊的暮雲收盡。雨過蓮塘，綠篙還留在水面。晚風吹起，暑氣爲之消散了。好一箇清涼的夏夜。夜深人靜，露珠兒也涼了，人們也安然入睡。值此良宵，竹簾半捲，明月斜掛天際，詩人展開了〈離騷〉夜讀。

由詩人流暢的筆勢，從暮雲收盡的黃昏，寫到半簾明月的深夜，使讀者也隨其鋪陳，而體驗了一段夏日閑情。整首詩的情境，前半段因風因雨而略微波動，但隨著第三句的轉折，「好是露涼人睡靜」，詩境的靜謐爲詩人讀經書而作了鋪墊。陶淵明有〈讀山海經〉的長詩詩組，其中第四首寫道：「孟夏草木長，繞屋樹扶疏。衆鳥欣有托，吾亦愛吾廬。既耕亦已種，時還讀我書……」而金川女史的〈夏日雜詠〉，也有幾分陶詩的況味，因而讀至「好是露涼人睡靜，半簾明月讀離騷」，不禁產生了聯想。

陶淵明讀《山海經》，借古詠今，以抒發個人的壯志豪情和對現實的感慨。金川女史夜讀〈離騷〉，也非偶然。我們從相關資料獲知她的憂國憂時，絕不亞於鬚眉。屈原高潔的情操，日月可鑑；忠而被逐、憤懣沉江的遭際，人神共憫。想金川女史選讀此篇，必然是欣賞屈原的志行，尤其是那堅貞不移的愛國思想，也必然產生了潛移默化的作用罷。天上的明月，書中的屈原，相互輝映，金川女史沉浸其間，而其個人所流露的風華，也就不是一般閨閣女子所能比了。我們欣賞其詩，想其芬逸，不得不對這位才女，寄予無限的敬佩。

夏季酷暑難當，應是南臺灣四季中之最難過的一段日子。可是在〈夏日雜詠〉中，作者卻選擇了夏日種種情事，作爲吟詠的題材，字裏行間，絲毫不見浮躁，充分可見作者性情的溫良與堅忍。譬如雜詠第二十二首：「靜裏方知夏日長，何曾苦熱恨炎陽。消閒不用囊冰枕，寬得吟懷夢自涼。」如此岑靜的心境，實非一般俗人所能比。相對於白日，夏天的夜晚卻是可愛的。詩組中的第二十首，便是描寫夏夜的詩篇。

起句「納涼樓閣倚天河」，豪放的筆勢，將讀者導向無垠的星空。天河，即銀河。詩人在樓閣頂端納涼，感覺中與銀河星系是如此的接近。「倚天河」三字便傳達了幽美的意境和豐富的想像。詩人對於斯情斯景顯得非常的滿足與喜悅，因此寫下了第二句：「不向蟾宮羨素娥」。住在月宮裏的嫦娥，此時此刻也不覺得有什麼值得羨慕了。

第三句筆鋒掉轉，寫實景：「一角垂楊三面水」。詩人眼觀四方，但見柳絲婀婀，臨水而立，便以「一角」和「三面」，描繪了三百六十度的空間，展現遼闊的視野。接著轉入結句「月明風入畫簾多」，月光朗照，晚風吹拂，畫簾不時地輕晃著。以客觀的景語作結，並由「風入」二字，帶出動態的美感，產生悠然不盡的餘韻。

這首詩寫得如此成功，主要因素有二：一是善於發揮想像，二是空間的掌握頗爲出色，由於作者運用了豐富的想像力，使得寫景變得靈活，有虛有實。天河、蟾宮便是實境添加想像，遂美化了銀河星系及月亮；再加上傳說中的人物「素娥」，更將此詩平添了浪漫，產生虛幻的美感。「倚天河」的「倚」字幾與李白「攬明月」的「攬」字有異曲同工之妙。（案：李白〈宣州謝脁樓餞別校書叔雲〉有「欲上青天攬明月」之句）至於空間的描寫，第一句「納涼樓閣倚天河」，予人向上延伸，幾與天及之感；第三句「一角垂楊三面水」，則橫向四方瀏覽，景觀盡收眼底。由於以上兩箇因素，使這首夏夜納涼的詩篇，顯得格外靈動。（胡幼峯）

飛行船①　二首之一

一聲欸乃②御天風③，雲海無邊任轉篷④。
不管波濤三十丈，乘桴有客泛青空。

【註釋】

① 飛行船：以熱氣球昇空而能乘載數人的新型飛艇。
② 欸乃：棹船搖櫓的聲音，本爲和聲，後轉爲船歌，故詩歌中有〈欸乃曲〉。
③ 御天風：飛行於天，如仙人御風而行。《莊子‧逍遙遊》：「列子御風而行。」
④ 轉篷：指船之飄轉。篷即船也。溫庭筠〈西江上送漁父〉詩云：「三秋梅雨愁風葉，一夜篷舟宿葦花。」
⑤ 三十丈：形容水深。《史記‧律書》：「數始於一，終於十，成於三。」因三爲多數，三十因喻其深。

⑥乘桴：指「乘桴浮海」之意，即逍遙避世，退隱江海。《論語・公冶長》中記載孔子曾感歎道不行，將「乘桴浮於海。」

【鑑賞】

這是一首題材新穎的詠物之作，金川女史以新世代的鮮奇產物——飛行船入詩，不但不會覺得不諧倫類，反而妥貼婉轉，語言生姿。這是金川詩中偶見的趣味，集中如〈萬年筆〉、〈輕氣球〉等也多有巧思。

起句以「一聲欸乃」開始，看來與船歌無關的飛行事物，其實仍扣緊飛行之「船」而寫，第一句便破題，「欸乃」點出「船」；「御天風」點出「飛行」，語文實在神妙。此句又是化用柳宗元〈漁翁詩〉：「欸乃一聲山水綠」，有語言上協暢的效果。第二句「雲海無邊任轉篷」，寫出氣船昇空，騰雲海，御蒼天，自由自在，隨風飄颻旋轉的樣態。第三句表示「不管波濤三十丈」，這新式的交通工具，能輕易騰空，飛渡關山萬重，江海千丈，不受山川阻困。由此可以看出金川女史對此新奇發明的驚歎。末句「乘桴」本指泛舟，然而「乘桴有客」，所泛之處竟是「青空」，又是一句語文新妙的句法。這是新事物入詩所添增的語言效果，也只有金川女史敏慧的詩筆，才能突顯這種由海上天的「船」之飛行妙趣。全詩無一處直接取用「飛行船」三字，卻句句有船，句句有飛行。「船」之欸乃漁歌、船之入（雲）海漂轉、船之飄越三十丈波濤，船之乘泛如桴，一路未嘗中斷。「飛行」二字也一樣貫穿全詩，「御天風」、「任轉篷」、「泛青空」，乃至不管波濤三十丈，皆是飛行。

除語文組合上一語雙關的新鮮與佳妙外，此詩結構承轉自如，起句破題，二句承接上天入雲，三句轉宕，看出此船的超越奇力，四句結束飛行船的實寫，進入此船抽象意義的突顯，新式的浮海之樂，隱者之境，恐將爲此船所取代了。詩人以她新鮮的視野，在起承轉合中，巧妙帶領讀者進入海與天異位的新世界，爲我們勾勒出新舊融合中的奇趣，這眞是令人歎爲觀止的語文表達，充滿驚奇、新異，而又不失典雅、清麗，直是一管能游天涅地，自由翱翔的妙筆，難怪三台鴻儒張水波敘其詩集云：「墨灑雲煙雙管妙，篇輝珠玉一家成。」月津蔡哲人也序其詩云：「爲五千年來積弱之閨閣吐一奇氣，豈不偉哉！」這些稱歎，證諸此詩，益覺貼切。（蕭麗華）

中秋夜即事

清天如洗月如霜，陣陣金風①拂袖涼。
絕好團圓三五夜②，廣寒③軼事④話霓裳⑤。

【註釋】

①　金風：西風；秋風。在中國五行的配置上，以金配西方，配秋天，故稱。金風較能把西風那種具有肅殺之氣、凋零萬物如金屬般銳利的特質表現出來，故文學作品常稱用之。

②　三五夜：即十五夜。指八月十五中秋夜。三乘五剛好為十五，故稱。

③　廣寒：廣寒宮。指月亮。傳說月亮裡有廣寒宮，嫦娥居住其中。《初刻拍案驚奇》卷二十有「萬丈廣寒難得到，嫦娥今夜落誰家」之句。

④　軼事：未被正式記載的傳說。軼，亡佚；消失。

⑤霓裳：霓裳羽衣曲。傳說唐玄宗曾在道士葉法善的引導下飛升月宮，聽到優美動人的仙樂。回到人間後，便依照記憶所及寫成霓裳羽衣曲，成爲唐代燕樂中著名的大曲。

【鑑賞】

這是一首「即事」詩，即其所見所值之事而詠，是隨筆即興式的作品。因爲詩人所值的正是中秋夜團圓賞月與閒話的美事，因而隨筆寫來，充滿清朗明快、愉悅欣喜的情趣。在中國古典詩歌以感慨深沈爲抒情傳統的脈絡中這種情調較爲少有，十分清新可喜。

首句寫景。連用了兩個比喻描摹出中秋的夜空，背景是虛闊無際、潔淨澄澈的藍天，「如洗」比擬天的純淨明澈，頓時給人一種豁然自在、無罣礙無沾滯的暢意。主角是月，月光清冷明亮，故以「霜」來比喻，又給人清明醒覺、沈歛又光輝的美感觸動。接下來馬上又寫西風陣陣吹拂，一密一疏的涼意同時將上句由視覺感官得到的兩種愉快感受轉化爲觸覺且統合起來。

詩行至此，已經由外在客觀物境的描寫營造出多重感官性的美和愉悅，因而下句順此非常自然地讚歎「絕好」。當然，「絕好」的不單是客觀的清天明月和金風涼意，更也因爲團圓而在主觀情意上產生喜樂而絕好。家人能團聚一起賞月是人間美事，能一起閒話廣寒宮的軼事及唐玄宗霓裳故事，更是情致趣味的美事。結句因爲寫及月亮的神話故事，而使詩歌由賞月的情境延伸到神話中那迢遙悠遠的美麗幻境，開拓出一片縹緲虛闊的意境，懸宕在神思冥想的無限可能的趣味中。

蘇軾在其著名的〈水調歌頭〉詞作中傳下膾炙人口的佳句：「人有悲歡離合，月有陰晴圓缺，此事古難全。」面對著亙古長在、光照遍在的月光，自古文人多吟詠發爲悲離思鄉的感傷，甚少有團聚談笑的喜樂場面。本詩卻超脫這樣的陳套而專寫團圓時的賞心樂事。由於上半首寫景的氣氛情調經營得當，使得這種喜樂情感在快意酣暢的物境中以及縹緲神話的移轉下，顯得淡而有味，明快而富於餘韻。（侯迺慧）

廣寒宮

果然金碧好樓臺，重疊門窗扇扇開。
曲譜霓裳①傳雅韻，花香桂樹絕塵埃。
露涼似水沾瑤草②，月白如霜冷翠苔。
偷藥嫦娥原舊識，一枝肯許折歸來。

【註釋】

① 霓裳：指霓裳羽衣曲，是唐代宮廷樂舞，也是著名的法曲，本名爲「婆羅門曲」，後經唐玄宗潤色並製歌詞而改爲此名，其舞、樂和服飾都是著力於描繪虛無縹緲的仙境和仙女。

② 瑤草：古人想像中的仙境之草。

【鑑賞】

這是以廣寒宮爲歌詠對象的詠物詩，詩人首先誇讚「果然金碧好樓臺」，形容廣寒宮的建築是雕樑畫棟，金碧輝煌。唐人杜牧在〈阿房宮賦〉裏曾經描繪出那富麗堂皇的宮殿代表，所謂：「二川溶溶流入宮牆，五步一樓、十步一閣，廊腰縵迴，簷牙高啄，各抱地勢，勾心鬥角，盤盤焉，困困焉，蜂房水渦，矗不知幾千萬落，長橋臥波，未雲何龍，複道行空，不霽何虹，高低冥迷，不知西東」，未知那廣寒宮中的好樓台是否也如阿房宮一般建構巧緻？而次句則是寫入得宮殿內發現「重疊門窗扇扇開」，這是描寫宮殿內一層層、一進進的門窗，都一道道的爲他打開了，一方面顯示出宮殿的深廣幽邃，一方面也把主人迎客的美意顯示出來。作者寫完了視覺上的效果之後，接著敘述聽覺上的所聞，「曲譜霓裳傳雅韻」，這優美的樂章就如同霓裳羽衣曲一樣的曼妙，使人如置身仙境一般飄飄然地，在這悠然的感覺裏，又傳來陣陣絕塵脫俗的桂花香，這一連串由視覺、聽覺到嗅覺的描述，形構出一個莊嚴富麗而又優雅浪漫的仙境。

接下來詩人首先指出「露涼似水沾瑤草」，說出了夜空下的瑤草，沾著晶瑩剔透的露水，顯得光燦可愛的樣子。次句的「月白如霜冷翠苔」則是言如霜的皎月照著青苔上顯得清清冷冷的感覺，作者用「涼」「冷」來形容月宮的寒冷，這就如同東坡對月宮的想像一般，〈水調歌頭〉云：「不知天上宮闕，今夕是何年？我欲乘風歸去，又恐瓊樓玉宇高處不勝寒」。然而第六句的「月白如霜冷翠苔」則又創造出一個在月宮賞月色的景緻，月中望月，的確是別饒趣味的想像，如此一來，不僅是地球的夜空有一個溫柔的守護者，就連月亮也有屬乎它自己的夜空守護神。多美的想像，使得不管身在何處的衆生，黑夜都不是寂寞的，每個地方都有一輪皎皎明月在光照。接著作者以「偷藥嫦娥原舊識，一枝肯許折歸來」作結，這個懇請嫦娥讓他折桂而歸的如果是后羿，那麼詩教的溫柔就於焉可見了。如果當年后羿有能力射下九個太陽，當他發現嫦娥偷了靈藥飛往月球時，他難道沒有能力再射下一個月亮？不！那麼他爲何不射？因爲他擔心月亮掉下時，嫦娥也會隨之而摔下，所以他寧可忍著失去靈藥的憤怒與失去妻子的寂寞，而讓他安好的住在月宮上，詩人似乎也如此以爲，所以他讓后羿到了廣寒宮，但沒有爲難嫦娥，只要求帶走一枝月宮的桂枝，以作爲思念妻子時的安慰，這不是詩教的溫柔敦厚是什麼？（涂艷秋）

登阿里山

千峰崇峻勢爭起，絕景登臨憶富士。
平生自笑愛遊山，無端跋涉到阿里。
一峰遙聳一峰高，翹首天顏纔尺咫。
削壁斷厓極目深，湍流激石聽清耳。
千古險傳蜀道難，誰能插足測遠邇。
驚心今日鑿天工，蜿蜒螺旋盤鐵軌。
森森大檜暗危巔，無際蒼茫憑仰企。
豈羨他山產壙金，棟樑入世誰能比。
更有神木參碧空，三千年前記古史。

似悲斧劫子孫殘，虬枝搖曳嵐風裏。
一角奇岩認達磨，蓮拈一葉悟真理。
于今面壁幾千年，醒爽詩魂聞帝雉。
茫茫雲海捲銀濤，光怪陸離嘆觀止。
倏忽混濛現眼前，直疑此身作柱砥。
嵐氣不知冷濕襟，世外探幽良有以。
一聲吟嘯碧雲開，林間明月東昇矣。

【鑑賞】

〈登阿里山〉是押紙韻的七言古詩，作者以詩歌記載阿里山的奇特景觀，以及個人探幽覽勝的心境。阿里山山脈位於臺灣中部，山勢峻峭，所以本詩首二句描述阿里山千峰相連，重山陡峭的特色，而其幽靜的美景更令作者憶起日本的富士山。三、四句作者自述其出遊的動機無他，只因爲「平生愛遊山」，所以爲了愛山而不辭勞苦的

「跋涉到阿里」。五、六句以「翹首天顏纔尺咫」極言阿里山高聳入雲的山勢，其手法與李白〈題峰頂寺〉所云：「夜宿峰頂寺，舉手捫星辰。不敢高聲語，恐驚天上人。」有異曲同工之妙。

五、六句言山勢漸起，終至與天爭聳，而七、八句則極言斷崖之深，其深難以目測，因此作者以聽覺意象取代視覺意象，運用崖底激流之清音，形容削壁斷崖之深邃。九、十句言阿里山的自然天險，非人類力量所能測度。此二句一方面歌詠阿里山的自然天成，另方面也藉人類置身大自然的謙卑渺小，抒寫大自然潛藏的宏偉力量。此詩的前十句，寫阿里山的自然風貌，第十一、十二句則寫人工工程的偉大，亦即登臨阿里山的另一特色——呈之字形蜿延而上的火車鐵道。十三至十六句，言阿里山上的檜木林之高大且量多。是阿里山珍貴的自然資源。十七至二十句，言阿里山上樹齡三千年的神木。二十一句至二十四句言類似禪宗達磨祖師造型的奇石，《無門關》卷六以「世尊昔在靈山會上拈華示衆，是時衆皆默然，唯迦葉尊者破顏微笑。世尊云：『吾有正法眼藏、涅槃妙心、實相無相、微妙法門，不立文字，教外別傳，付囑摩訶迦葉。』」說明禪法默識心通的狀態。中國禪宗尊達磨爲初祖，因此作者運用世尊拈華微笑的典故，象徵禪宗不藉文字傳法的特色，二十四句由奇石，轉寫阿里山上的珍禽——帝雉，言其啼聲富含詩意。二十五至二十八句，言雲海變化之奇特，使人有化身爲自然的錯覺。二十九、三十句，言嵐氣飄拂的高山情景，此種特殊經驗，使作者發出彷如置身世外桃源的謂歎。末二句一方面言阿里山夜色之美，另方面亦運用明月東昇說明山勢峻峭、山路遙遠，並藉空間距離的拉長，以彰顯阿里山遠離人世的出塵美感。

此詩寫阿里山的高山流水，寫檜林神木，寫奇石、珍禽，寫雲海、山嵐，既富壯闊多變的天然美景，亦有人力勝天的鬼斧神工。作者細心的載錄下阿里山的種種特殊風貌，不但所涵括的層面甚廣，而且面面俱到，其架構次序井然，其刻畫深刻細緻，透過詩作，阿里山之美躍然紙上。（蔡榮婷）

壽施梅樵老夫子六秩令旦 四首之一

梅花初綻值佳辰，甲子平頭歲又新。
孤島詩傳雙管①擅，五雲瑞擁一家春。
溪山嘯傲吟軀健，松菊招尋梓里親。
海內如公知有幾，魯靈光殿②見來真。

之二

春風絳帳③記傳經，立雪門前④仰典型。
酒泛蟠筵千斗綠，篋存前代一衿青。
縱橫才藻收河嶽，灑脫詩篇寫性靈。

今夕閨中瞻北極，壽星朗朗耀文星。

之四

閒雲野鶴任婆娑，滄海珊瑚盡網羅。
靜裏放懷忘歲月，酒邊得句嘯山河。
銀鉤鐵畫毫尖健，玉粹金精妙緒多。
桃李成行來獻祝，筵前賡唱百年歌。

【註釋】

① 雙管：唐人張璪於畫松時，能握雙管，同時齊下，一爲生枝，一爲枯幹。見《圖畫見聞誌》。

② 魯靈光殿：漢景帝子恭王所建。東漢王延壽〈魯靈光殿賦〉：「遭漢中微，盜賊奔突，自西京未央、建章之殿，皆見隳壞，而靈光巍然獨存。」（《全後漢文》

卷五八），遺址在今山東曲阜縣東。後世因以稱碩果僅存之老成人物。

③春風絳帳：比喻善於教化。宋朝朱光庭往見程顥（明道先生），自謂如坐於春風之中，見《宋名臣言行錄》。又後漢馬融講學，「坐高堂，施設絳紗帳。前授生徒，後列女樂」（《後漢書》卷六十，〈馬融傳〉），故後世稱講座爲「絳帳」。

④立雪門前：宋朝游酢、楊時初見程頤，頤瞑目而坐，二人侍立不去。及頤覺起，門外已雪深三尺。事見《二程語錄》卷十七。

【鑑賞】

金川女士曾師事捲濤閣主人施梅樵先生，施老先生六十大壽，金川賦詩四首以爲祝嘏。

施梅樵先生，名天鶴（洪棄生〈題施梅樵祖母像〉詩序），以字行，台灣彰化鹿港人。生於清同治九年（一八七〇），卒於民國三十八年（一九四九），享年八十歲。日人據台後，曾避居福建晉江，因侍奉母親，又回台灣。負詩名，擅書法；創立詩社，弘揚詩學；並設帳授教，桃李遍布。其人磊落嶔奇，具有民族氣節，著有《捲濤閣詩草》、《鹿江集》。金川追隨施老先生讀書，由於聰穎好學，詩思清新，頗獲讚賞；

而金川對業師的敬重孺慕之情，在這組祝壽詩中也充分流露出來。

施梅樵先生的生日，據其自言：「去冬余六十初度」（〈黃金川女士詩草序〉），可知應在歲末寒冬之時。金川第一首詩先就壽辰言起，以「梅花初綻」、「歲又新」說明壽誕正逢新歲將始，梅花初開的時節。「佳辰」、「甲子平頭」則點出了六十歲生日，白居易〈除夜〉詩有云：「火銷燈盡天明後，便是平頭甲子人」，六十歲正好為一甲子整壽，習俗上多會特別慶祝，本詩一開始就烘托出了歡欣喜慶的氣氛。第三、四句稱頌老師的文采詩名及門庭祥瑞。「孤島」指台灣，因甲午戰爭失敗，台灣割讓給日本，與大陸隔絕，遂成孤島。施梅樵先生在台推動詩風，才名遠播，「雙管擅」，比喻施老先生才華兼俱，人所不及；「五雲」指五色祥雲，乃吉祥之徵，五色雲朵簇擁降臨於師門，充滿了歡慶和融的景象；「春」字代表了溫暖和生機，在此也扣合了施老先生春風化雨的教學生涯。

陶淵明〈歸去來兮辭〉有云：「登東皋以舒嘯，臨清流而賦詩」，說明了他罷官歸里的生活方式，他慶幸庭園「松菊猶存」，也樂願與鄉里父老往來，〈移居〉詩中有深刻的描繪：「春秋多佳日，登高賦新詩。過門更相呼，有酒斟酌之。」展現了他眞淳直率的個性。金川化用淵明句意，第五、六句說明老師的身體硬朗，不廢吟詠，山涯水湄，仍能見其蹤跡；平居之時，與鄰里鄉親往來，相處和睦。施梅樵先生雖身處日人統治的時代，然懷抱故國之思，不願靦顏事敵。他曾自號蜕奴、可白，以表明心跡。六十歲這年，他寫了一首長詩──〈六十初度放歌述懷〉，詩中自云：「甲子干支歷已周，不富不貴俗兒鄙。生成傲骨自嶙峋，未敢徇人以枉己。」這首詩表達了他抗懷灑落，不與俗同流的傲骨，也表達了他作爲一個知識份子的大義與節操。金川此處以陶淵明比擬其師，突顯出高潔傲世而又眞誠親和的人格特質。

最後二句總結前言，推崇施老夫子爲宿儒名彥，不論學養人品，皆足領袖風雅。清代女詩人席佩蘭，爲袁枚女弟子，袁枚八十壽辰，撰〈賀隨園夫子八十壽詩原韻十首〉，第十首有「魯靈光殿重千秋」句。金川此處亦以「魯靈光殿」來形容其師巍然獨立，爲海內之碩果僅存。此詩雅正深厚，表現了弟子對老師虔誠讚嘆的禮敬之心。

第二首詩與前詩承接，旨在稱頌業師堪爲一代典型；作者以女弟子的身分寫來，在女子教育未開放的年代裡，實具有特殊的意義。

首句用東漢馬融講授經書的典故，說明施老夫子傳道授業，使人如沐春風；次句用程門立雪的故事，說明自己求學心切，幸能拜謁名師。宋朝蘇舜欽有〈祝壽詩〉：「天爲移文象，人思奉典型」，金川則以「仰典型」三字，表達對施老夫子足爲世人典範的崇敬之心。上句言師，下句言己，又出之以對仗的形式，呈現了和煦而恭謹的師生對待關係。

中間兩聯爲對仗句，「蟠筵」指蟠桃壽宴，相傳西王母種蟠桃，三千年一結子，蟠桃宴上，群仙祝壽；「千斗綠」形容美酒千斗，泛溢出澄明晶瑩的綠色光澤。此句極言壽筵之美，也暗寓仙家慶壽的吉祥光景。第四句「一衿青」，形容施老先生的書生本色，《詩經》〈鄭風．子衿〉：「青青子衿，悠悠我心」，青衿原指青色衣領，爲學子之服，後用以泛稱士人。「篋」此處指裝書的箱篋，作者拈出此字，意在突顯其師别無所有，惟數箱書籍而已，此句烘托出施老先生的人格職志。施梅樵先生原爲前清秀才，日人據台後，不願苟合取容，寧自甘清苦，授徒爲業，延續民族文化的命脈，可以說表現了一介讀書人的風骨。前句寫壽宴，此句寫人物，對仗工穩，頗能上下輝映。

第五、六句頌揚其師的才華富贍。「縱横才藻收河嶽」，言其師文采蔚盛，足以涵攝崇山大川；「灑脱詩篇寫性靈」，謂其師豪邁不羈，詩興奔放，能直抒胸臆，流露性情。施梅樵先生曾自言：「憒濍文章都是膽，疏慵天性易忘愁」（〈兀坐無聊因疊前韻〉）、「莫怪王郎歌斫地，天涯慣作不平鳴」（〈彰化道上〉），可見其詩篇的內涵。由於他嫉惡如仇的個性，因此集中不乏憤激悲慨、豪宕灑落的作品，友人洪棄生論其詩有云：「君乃一集編成，千章煥發。當天荒地老之餘，作石破天驚之語。」（〈施梅樵詩序〉），施梅樵先生孤意深情，發人所不敢發，讀其詩，如見其人。金川此二句，可說展現了施老夫子的風格才調。

末尾兩句總結全詩，進一步表達一己瞻望企慕之心。《論語．爲政篇》有云：「譬如北辰，衆星拱之」，老夫子的文章氣節，令人景仰，一如北極星爲衆星所環繞。末句點出「壽星」與「文星」，既能承接前句，又切合人物身分，可說別具慧思。「壽星」原指南極老人星，爲長壽的象徵；「文星」爲文曲星，主掌文運；二星相互輝耀，朗照乾坤，年壽與文采兼美，金川可謂善頌矣。

全詩端整典雅，氣象恢闊。作者雖自云「閨中」，然其心胸氣魄，已遠超乎閨中局限，王竹脩先生序《金川詩草》言：「其能超脫香奩之外，絕無半點脂粉氣」，細讀本詩，此說實爲確論。

祝壽聯章詩的最後一首詩，除了進一步呈現施老夫子的人品學養外，亦有總結全篇，再作祝禱之意。

首句以「閒雲野鶴」來形容施老先生的淡泊名利，不受牢籠；「任婆娑」則表現出其瀟灑飄逸，悠然自適的丰采。施梅樵老先生平日授徒講經，讀書吟詩，不求奔競鑽營，因此，身如閒雲野鶴，反得自由自在；次句「滄海珊瑚盡網羅」，則讚美其身負奇才，美不可收。古人採珊瑚，先將鐵網沉入水中，使珊瑚貫網而生，樹高二三尺後，再絞網取出，後用以比喻搜求奇才異物。此處言其師學養之富，才華之美，如大海中之珊瑚，盡皆爲其所有。台灣四面環海，以此爲譬，可說是十分巧妙。

第三句「靜裏放懷忘歲月」，寫其平居生活寧靜悠遊，放曠灑脫，如孔子所謂「不知老之將至」；在此壽誕佳辰，「忘歲月」三字，特別能烘托出施老先生的心境和涵養；第四句「酒邊得句嘯山河」，寫其飲酒賦詩，詩成，氣勢豪壯，足以撼動山河。施梅樵先生懷經世濟民之志，然而生不逢時，忍見國族歷劫，故而不免於詩酒中一澆胸中塊壘，他曾有詩云：「我生不願博封侯，但願日日飲醇酒。醉鄉自覺天地寬，富貴功名亦何有？」（〈送陳材權之香港〉），是以慷慨高歌、磊落不羈的性情，形成了其寫作的特殊風格。金川此處以一「忘」字，一「嘯」字，點出了施老夫子的生活情態，也勾勒出在日據時代裏，一個清高自持的文人形象。

「銀鉤鐵畫毫尖健」一句，讚美其師精擅書法，筆力渾厚矯健，洪棄生先生曾予施梅樵先生極高的評價：「君詩既豔，君字尤佳。右軍書法，換山陰道上之鵝；僧虔筆鋒，跳魏闕天門之虎。」（〈施梅樵詩序〉），可知其書法當時亦負盛名。「玉粹金精妙緒多」，形容其詩文精鍊，字字珠璣，且神思妙理，內涵豐富。王竹脩先生〈鹿江詩集序〉推許梅樵先生：「天稟高超，學力純粹，兼精書法，尤長於詩。古風遒勁峭拔，恍似白香山；近體則藻麗英華，直追杜甫。」金川此聯，一言書法藝術，一言作品造詣，當據實而書，施梅樵先生的才情橫溢，由此可以想見。

最後兩句呼應題旨，呈現壽誕的歡樂氣氛，「桃李成行來獻祝」，寫其弟子衆多，桃李處處，如今老夫子六十大壽，弟子皆齊聚一堂，獻觴慶壽，祝老師身體康泰，長命百歲。「賡唱」即續唱，「百年歌」，原指晉代陸機所作之〈百年歌〉，詩共十首，述人生自幼至百歲之情狀，此處則爲頌禱之辭。此詩與第一首詩首尾相應，尾聯尤將熱鬧喜慶的氣氛帶至最高點，使這組祝壽詩蘊涵了綿長美好的祝福之意。

施梅樵先生〈黃金川女士詩草序〉曾云：「余六十初度，金川不畏長途跋涉，登堂祝壽。」金川敬執弟子之禮，由此亦可得知。有清一代，獎掖閨閣詩學者，前有袁枚，後有陳文述，女弟子皆至二三十人。日據時代，台灣女子教育尚未普及，女子而又擅舊詩者，更是鳳毛麟角。金川師事施梅樵先生，不僅爲台灣詩壇的佳話，即從女性詩歌發展源流而言，也自有其不可忽視的歷史意義。（鍾慧玲）

續集

夜思親

夜夜思親兮指暗彈，不成寐兮漏聲①殘。
曾幾何時兮春欲闌②，月明如水兮不忍看。
路程遠遙兮魂飛難，思親淚兮永難乾。

【註釋】

① 漏聲：銅壺滴漏的聲音。「漏」爲「漏壺」，古計時器。
② 闌：晚；將盡。

【鑑賞】

中國詩歌具濃厚的抒情傳統，詩人多透過詩藝創作揭示自身存在的意義及其心靈的流程。符號化的詩歌語言不僅呈現了詩人內在世界的眞實面貌，也展示了人性情感的本然處境。此詩無疑是詩人表現現實人世中，最難以切割、捨離的生命臍帶之情。

金川女史幼年喪父，與寡母相依爲命，二十三歲嫁到高雄望族陳家後，思親尤爲深切。作品常表現出一種「別來無日不思親」、「未能歸省總心酸」（〈元宵擬歸寧省親阻雨〉）的惆悵心情。如〈寄親〉云：「千萬語難陳，魚書寄老親。寫來無箇字，執筆獨凝神。膝下承歡日，春邊濕淚巾。江樓明月滿，應照不眠人。」膝下承歡，朝夕相依的深厚情感，即使千言萬語，也難以表陳深切的思念。故而〈夜思親〉一首，獨出以騷體形式，押上平聲寒韻，藉由字句的錯落、音調的曼長、聲情的和諧，自然地表達出一種不絕如縷的情思，在金川女史的詩作中，顯得獨特而唯一。

首句「思親」之情藉由「指暗彈」的琴音流瀉而出，琴音寓情，終難消釋懷想的深情，於是，詩人只能在「漏聲殘」的深夜輾轉難寐。二句「漏聲殘」的時間意象，帶出三句「春欲闌」的無奈，春色已闌，象徵歲華的流逝；而「曾幾何時兮」則呈現出如夢似幻，落寞悒鬱的慨歎。四句詩人將時間場景轉向空闊的空間場景，然而月明如水的美景，反而更觸動思念之情。「月明如水」的流動感與空間性，使詩人內心的漣漪，泛起一波又一波對往事的追憶。於是，思親之情，如水直瀉。然而空間阻隔下所造成的心理缺憾，卻無法以夢境圓成。五句「路程遠遙兮魂飛難」更訴盡相思欲絕的淒楚之情，故末句以情語——「思親淚兮永難乾」綰結全篇，更見情思之不匱。李白〈長相思〉云：「上有青冥之高天，下有淥水之波瀾。天長路遠魂飛苦，夢魂不到關山難。長相思，摧心肝。」同是透過綿延不斷的音律引狀路程迢遞，夢魂不到的愁情，然而金川女史的筆意，更見白描。辭樸意婉的藝術手法，將相思相憶的苦情表現得淋漓盡致。全詩以情——景——情的敘寫方式，逐一帶出琴音、漏聲、春闌、明月、魂夢、淚水等意象，不僅使思憶的背景更立體化，也使思憶的情感更具重量。實境與幻覺揉合爲一，既寄托了詩人往事不可復尋的惆悵，也反襯了詩人落寞的處境。

金川女史遍讀詩書，尤好《楚辭》，常常「呼婢挑燈讀楚辭」（〈觀書〉）、「半簾明月讀離騷」（〈夏日雜詠三十韻〉其十九）。形諸於創作，也頗「有離騷之淒楚、憂鬱、獨往的一面」（林荊南〈三台才女黃金川的詩〉）。本詩即深受其影響。

全詩以騷體形式創作，在形式上，頗具整飭之美。八七八八八七的句法結構，在韻律節奏上，除具勻稱均穩的態勢外，亦具回環往復的效果，大有助於抒情。而且「兮」字句所形成的詠歎式的語感及錯落的散文式句法，使全詩富於一種嗟嘆而曼長的情調，足以傳達無限的悲惋之情。詩人就在若斷若續、似吞似吐、欲隱又顯的語感中，

組構出淒楚而深邃的詩境，使魂夢相繫的情思具有動人的藝術魅力，令人一唱而三嘆。（鄭文惠）

白燕

玉剪輕飛處，梨花照影微。
新妝迷素月，舊夢異烏衣。
繞院啣泥舞，渾身染雪肥。
主人應識汝，歲歲逐春歸。

【鑑賞】

一般而言，詠燕詩多指黑色的燕子，金川此詩特別以〈白燕〉爲題，因此，除了描述白燕特性外，尤其重在突顯其顏色之美，以有別於黑燕。

首句「玉剪輕飛處」，形容燕子飛翔的輕盈、靈巧。燕子的尾部很長，並分歧如剪，「玉剪」二字，不但呈現其體型特徵，並且烘托其毛羽的溫潤光潔，與次句合讀時，更有潔白如玉的聯想。「梨花照影微」，承接前句，描寫燕子飛過雪白的梨花樹時，形影稀微，使人幾乎無法辨識它。此處藉梨花映照出白燕的羽色，意象優美飄逸，構思巧妙清奇，可以說不著痕跡地點明了題旨。

「新妝迷素月」，形容在皎潔的月光下，燕子迷濛的身形。「新妝」二字，言白燕之美。冬去春來，燕子似乎也重新施妝，由於素雅的妝扮，皓月下，看起來別具一份朦朧的美。「舊夢異烏衣」，描寫白燕不同於一般黑燕，「舊夢」、「烏衣」二詞，化用唐詩人劉禹錫詩：「朱雀橋邊野草花，烏衣巷口夕陽斜。舊時王謝堂前燕，飛入尋常百姓家。」（〈烏衣巷〉），詩中的燕子曾於位在烏衣巷口的王謝宅第築巢，而金川此句則明言白燕與之不同，「烏衣」二字，包括了兩重涵義，一則暗藏了劉禹錫的詩意，一則借指黑燕；自古以來，白燕被視為祥瑞之徵，因此，其來歷及所代表的意義，自是有別於一般尋常黑燕。此聯對仗工穩，以隱約透露的歷史情懷，反襯出白燕的特殊不凡。

第五句「繞院啣泥舞」，描寫燕子啣泥築巢，於庭院中來回飛舞的情景，此乃就燕子的習性而言。第六句「渾身染雪肥」，則仍扣住其白色的特徵來寫，形容燕子全身彷彿堆滿了皚皚白雪，體態看來白胖豐盈。「肥」字，十分傳神的描摹出白燕可愛的身軀，庭院中只見這雪白的身影，上下忙碌不停的繞院迴翔，充滿了活力與朝氣，也透露了作者豐富的想像力和幽默感。

宋・晏殊有詞云：「無可奈何花落去，似曾相識燕歸來」（〈浣溪沙〉），即言返回窠巢的燕子乃是舊時所識。本詩尾聯兩句「主人應識汝，歲歲逐春歸」，作者原以旁觀者的立場欣賞白燕的身姿，至此忽而轉爲與白燕的對話，不但使全詩增添了轉折變化的趣味，也傳達了人與物之間微妙的默契與不忘舊誼的感情。

有關白燕的吟詠，歷代並不多見，明代時大本〈白燕〉詩有云：「春社年年帶雪歸，海棠庭院月爭輝」，又顧清〈白燕〉詩云：「不經乳穴移仙骨，似剪齊紈作舞衣」，多特意強調其色白。白燕似應較爲罕見，金川此詩可能爲詩社應題之作，恐非眞正記其所見；雖然如此，其幽微淡雅的意境，以及美感趣味的呈現，使這首詩仍是值得再三諷誦的。（鍾慧玲）

黃菊次月華女士瑤韻①

百花搖落獨芬芳，燦爛如金貼地黃。
影瘦香迷三徑②月，風高豔綻一籬霜。
心堅晚節甘清淡，夢醒斜陽莫怨傷。
怪底淵明偏愛汝，掛冠③日日對傾觴。

【註釋】

① 瑤韻：譽人詩韻之美。瑤，珍貴之意。次韻，為和韻詩的一種，亦即必須依照原詩用韻的先後次第唱和。

② 三徑：漢朝蔣詡隱居後，舍中開三徑，唯與求仲、羊仲二人交往，二人皆逃名不仕之人，見《昭明文選》陶淵明〈歸去來兮辭〉，李善注引《三輔決錄》。三徑，

此泛指庭園間的小路。

③ 掛冠：謂辭官退隱。漢王莽殺其子宇，逄萌以爲綱常敗亂，禍將及身，於是解冠掛東都城門，攜家屬浮海遠去。見《後漢書》卷八三，〈逸民列傳・逄萌傳〉。

【鑑賞】

月華女士，姓蔡，高雄人，爲高雄「蓮社」創始人之一。好吟詠，與金川時相往來唱和，金川曾贈詩云：「志同道合本相親，且喜天教作比鄰。應是壽峰鍾秀氣，苓洲偏駐女才人。」（〈贈淑卿月華兩女士〉），又推崇她：「襟懷灑落誇崇嘏，吟思汪洋壓易安」（〈次月華女士瑤韻〉），可見金川對她才情的欣賞。詩集中與月華女士酬唱的作品共有五首，此詩係依據月華女士〈黃菊〉詩原韻唱和，閨閣情誼與詩友風雅，於此可以得知。

金川愛好菊花，詠菊的作品共計十餘首，數量不可謂不多。菊花在中國文學中向與陶淵明有關，代表了清高自持的隱士風格。本詩一開始以「百花搖落獨芬芳」來突顯菊花的特質，秋天百花凋零，惟菊花盛開，芬芳自吐，「獨」字意在對比出菊的與衆不同，此句脫胎自宋代林逋「衆芳搖落獨暄妍」（〈山園小梅〉）的詩句；次句「

燦爛如金貼地黃」，形容黃菊開滿遍地，燦爛如耀眼黃金。作者喜以黃金喻菊色之美，觀其婚前所作〈黃菊〉詩，有「滿地黃金劇可憐」一句，即可知之。

第三、四句爲對仗句，旨在進一步鋪寫菊花的清雅與美豔。「三徑」，由陶淵明〈歸去來兮辭〉中「三徑就荒，松菊猶存」而來，除了指庭園中的小路外，更暗喻了隱士的節操；「一籬」，則仍沿用陶淵明「采菊東籬下」（〈飲酒〉）的句意，前者描繪庭園月色裏，菊花朦朧清瘦的身影和隱約的花香；後者則描寫菊花不畏風霜，猶自綻放豔麗的花朵。清麗秀逸的筆調，勾勒出菊花的神韻與丰采。

第五、六句以擬人化的手法，表現菊花的堅貞、淡泊。宋朝韓琦〈九日水閣〉詩，有「雖慚老圃秋容淡，且看寒花晚節香」的句子，可知金川「心堅晚節甘清淡」一句，乃由此化出，「晚節」二字，不僅指晚年節操，也扣合了秋季歲晚的時令。「夢醒斜陽莫怨傷」一句，則是翻用了宋朝晏殊的詞句：「一場愁夢酒醒時，斜陽卻照深深院」（〈踏莎行〉）。「夢醒」，意指對人生的徹底了悟；夢醒時分雖然已是一日將盡，但也不必感傷怨嘆。陶淵明直到中年以後，才徹悟虛擲生命的官場生涯，並不是自己所喜愛的。因此，毅然罷官歸里，過著自甘清苦的生活，他在〈歸去來兮辭〉中描述這種悲喜交集的心情：「悟已往之不諫，知來者之可追；實迷途其未遠，覺今是而昨非。」雖然人生已過大半，但是猶未爲晚。金川應是熟讀淵明的詩文，因此，詠菊帶進了淵明的思想感情，擬人化的黃菊，也自然成爲陶淵明的人格寫照。

最後兩句總結全詩，說明陶淵明特別偏愛菊花，辭官後，每日持酒對菊，相看不厭。全詩疏淡清勁，末語尤富思致。詠菊，亦詠淵明，透露了金川對兩者的喜愛；也透露了她不逐時豔，淡雅清貞的人格特質。（鍾慧玲）

次月華女士韻寄懷月嬌女士

絕代金閨①絕代才，封箋疊韻②遞詩來。
文章有價關時切，詩賦何心慟古哀。
詩思潮隨秋思冷，筆花艷逐桂花開。
一篇唱和留佳話，白雪③紛紛落硯台。

【註釋】

①金閨：乃閨閣的美稱。

②疊韻：此指作詩之意。

③白雪：此處指陽春白雪之意。按《昭明文選》中，宋玉對楚王問云：「其爲陽春白雪，國中屬而和者，不過數十人。」此則指蔡月華女士的詩作優秀，遠非常人

所能及。

【鑑賞】

此詩可能是蔡月華女士將一篇寄懷月嬌女士的詩，寄來給金川女士觀閱，閱畢後金川女士次其原韻而作的詩。所以首先讚美月華女士是「絕代金閨絕代才」，認爲她是當時冠絕一代的佳人，且又具有絕世之才，可謂是才貌雙全不可多得的女子。按許俊雅博士的考證：「月華則爲高雄『蓮社』創始人之一」（《靜對遙峯》，頁一〇二）。可知蔡月華當是當時的女詩人，而由《金川詩草》中次月華女士韻的作品看來，二人當是深閨莫逆，而金川女士對月華的詩筆可謂是愛之惜之，甚而認爲月華之才遠非自己能望其項背，所謂「嘖嘖詩名説二難，與君抗手愧才殫」（〈次月華女士瑤韻〉），本詩則認爲她是「文章有價關時切，詩賦何心慟古哀」，以爲月華詩歌之所以價高難比是因爲她的詩歌不是一般的吟花弄月，也不是無病呻吟，而是切關時事，哀慟古今的，這類的作品通常因襟懷廣大，也就氣勢磅礴，如此看來月華女士之作決非香奩體所能限囿，其實詩人本身也有一些關時切的作品，例如〈蠶婦〉：「桑原碌碌歎勞人，蠶飽蠶飢瘁此身。且喜近來絲價好，一年家計不憂貧」（頁六八），這是寫蠶婦的辛勞，憫憂之情自見於其中，又如〈震災行〉言：「荒磚破瓦亂成堆，財散人亡劇可哀，樂土傷心遭惡劫，蒼生元氣何時恢」（頁四三），一份悲天憫人的襟懷就自然呈現了。這些作品都是使詩人擴大視野、突破侷限，使她能通向廣大宇宙的佳作，今天讀來仍有其一定的價值，同樣的，詩人在欣賞其他人作品時，也能掌握到這分使詩歌不朽的特質。

詩歌的後半段則在稱揚月華女士的才情，以爲她「詩思潮隨秋思冷，筆花艷逐桂花開」，言其能恰如其分的掌握了季節與景物等的特色，並加以合宜的描繪，使情不溢於辭，辭也不溢乎情，她在〈次月華女士瑤韻〉章裏，曾以「襟懷灑落誇崇嘏，吟思汪洋壓易安」來讚許月華詩中所展現的境界是高遠灑落，而遣詞用句又勝過李清照的功力，可知此二句的讚美實是衷心所感，由內而發的實情寫照。最後則稱揚所寄來的詩足以使月華因此「一篇唱和留佳話」，從此「文章敢望傳千古」（〈次月華女士瑤韻〉，頁九四），並且認爲她的作品，眞如陽春白雪一般，實非常人所能望其項背。這是一分閨中知己的惺惺相惜，也是詩人間互相的期許，其實我們的詩人自年輕時即有「安得女權平等日，漫將天賦付東流」的豪情壯懷，所以當他期待著月華女士很快的出現佳作時，何嘗不是一份暗地裏的自我期許呢！（涂艷秋）

接綉絨女士來信有感寄懷　四首之一

多君別後寄書頻，無限離愁見性真。
休嘆異鄉知己少，故園仍有素心人①。

【註釋】

①素心人：原指心地純潔之人，此處乃指知心者。

【鑑賞】

綉絨是金川女士婚後的閨中密友，本姓王，王家與陳家夙爲世交，因此，金川女士嫁入陳家後，即與綉絨結識，並因情性相投，而結爲莫逆。綉絨本爲藥劑師，後嫁與阮朝英醫師，故於苓雅寮創阮醫院（即今阮綜合醫院之前身）。後隨夫婿赴日深造，此詩可能是金川女士遠懷綉絨有感而發之作，時間在民國二十五年前後。

「有感寄懷」的作品通常是作者心有所感不得不發的，所以也最能見到作者的眞性眞情。作者接到綉緘女士的來書這已經不是第一次，多次的魚雁往返顯示出二人情誼的深厚，所以作者除了感謝綉緘寄來多次的書信外，因其來信的感懷之作也有四首之多，綉緘書信中的內容當是以鄉愁爲主，由「無限離愁」「休嘆異鄉」看來綉緘此時正處於離鄉背井後，對這片鄉土念念不忘之時，其實鄉愁不只是因爲這塊土地上住著她的鄉人，更因爲這塊土地上烙刻著她過往的痕跡，記載著她無數的情感，因此一想到「故園」所有的回憶似乎都一發不可收拾，以這種眞情形諸於文章，文章自然具有不可磨滅的生命力，使得讀者（金川女士）讀來倍受感動，所謂「無限離愁見性眞」而「讀罷來書淚欲垂」（其二，頁九五），也勾起了金川對於自身兒時的種種回憶，那些與母親兄長共度的日子是她一生中最幸福愉快的成長期，這些日子形成她詩歌中不時出現的濃郁的思親之情，如〈寄親〉一詩云：「千萬語難陳，魚書寄老親。寫來無箇字，執筆獨凝神。膝下承歡日，春邊濕淚巾。江樓明月滿，應照不眠人。」（頁八九）承歡膝下日的歡愉，至今想來仍是她最寶貴，最溫暖的回憶，但現實中由於嫁爲人婦的關係，已無法再回到母親身旁，難怪詩人要「濕淚巾」，難怪她會成爲「不眠人」。古人以爲人在病中所念念不忘的往往是他潛意識裏最眞誠的一面，吾人今日看詩人在病中所掛心不下的是「思親豈獨知恩重，愛子何曾望孝爲。詠物寄情總哀怨，病心宜作慰心詩。」（〈病中〉，頁一一七）她明白母恩深重，更明白母恩難報，而也明白母親不求其報的心情，但獨力鞠養的辛勞下又無私無欲不求反哺的襟懷，更顯出母愛的偉大，而母恩愈重，無法回報時的怨也就愈濃，這分感傷就形成了「詠物寄情總哀怨」的詩句，可是詩人也明白如此的情緒會使高堂更放心不下，因此「病心宜作慰心詩」，這等體貼敦厚的用心，不只是表現在她對母親之上，也同樣地表現於友朋的交往中，因此她雖然見了綉絨的來書欲淚垂，雖然也因此勾起了承歡日的種種回憶，而又面臨著「從來世事本難平」（〈雜詠〉四首之一，頁一〇二）的境遇，有時難免一方面認爲「除卻依依慈母外，世間都是沒心人」（〈雜詠〉四首之二，頁一〇三），一方面又由於現實生活的限制，不得不屈就，而產生了「可憐無用女兒身，千古含冤志莫伸」（〈雜詠〉四首之三，頁一〇三）的怨歎，但對朋友詩人則是將對母親的體貼轉移爲最溫暖貼心的接納，她鄭重的告訴綉絨，「休嘆異鄉知己少，故園仍有素心人」。她保證這段情誼永遠如金石般的堅固，讓遠在天邊的朋友感到友情的溫馨永遠在支持著自己，同時在本詩之四中，他更告訴綉絨要從「那堪回首憶當年」（頁九六）中走出來，積極的面對新的環境，新的境遇，勇敢樂觀的接納它，不要鎮日

落入回憶的漩渦了。所謂「從此不作悲秋客」。並教她「鎭日黃庭讀幾篇」，以〈黃庭經〉來修養其身。（涂艷秋）

秋懷

一年容易又中秋，月自團圓景自幽。
未必無才皆淑德，懸知有學便名流。
力能雪恥身何惜，生不逢辰死亦羞。
過眼光陰人老大，敢將哀怨問江鷗。

【鑑賞】

〈秋懷〉是押尤韻的七言律詩，作者藉中秋月圓抒發其人生感懷。首句以又是中秋佳節的到來，感歎時光無情飛逝。中秋是家人團聚的節慶，但作者卻運用第二句的「月自團圓景自幽」，將主、客體抽離開來，彰顯出年年中秋的月亮，總是團圓清亮，而今年中秋夜景也和往年一樣的幽靜。中秋的明月與夜景年年如是，此中便透顯出一種亙古不變的恆常，然而相較於大自然的恆常，人生卻是短暫多變的過程，因此面對中秋月，心中自有一股悵惘與失落的不圓滿。三、四句進一步說明內心的感懷，第三句言「未必無才皆淑德」，一者是對「女子無才便是德」的世俗觀念提出質疑，再者針對女子無才卻未能得到淑德肯定的事實，感歎女子地位的低下。

第四句以男子「有學便名流」，與前句所言女子所受待遇相對比，感歎男女地位的懸殊。男子只要受過教育，擁有才學，便能得到社會的肯定，躋身名流之列，而女子縱使擁有良好的品格，卻不一定能取得社會的肯定，更何況是有才華的女子？作者〈哭曾玉誼姊〉詩中的玉誼姊，正是典型的例子，她是具備「絕慧」與「多情」的女子，然而她不但未能發展她的長才，反而年紀輕輕即因不堪環境的折磨而英年早逝，作者於詩中質疑社會為何吝於肯定女性的能力與貢獻。

對於世俗以性別界定人的價值，而不是以人的才能作為判斷標準，身為女兒身的金川女士，雖肯定女性的才能，卻又對社會現實有著萬般的無奈與無力感，這種複雜情緒常自然流露於詩作之中，如〈女學生〉云：「安得女權平等日，漫將天賦付東流」（頁二六）揭露社會未能珍惜女性才華的短視，又如〈娘子軍〉二首之二云：「脂粉英雄自出奇，鬚眉未必勝蛾眉」（頁五九），肯定人各有長才，男子的才華不必然優於女子。然而縱使女士有這番認識，卻敵不過世俗的定見，因此其〈雜詠〉四首之三云：「可憐無用女兒身，千古含冤志莫伸。未必多才能累德，何曾不學作賢人。」（頁一〇三）對於因爲身爲女兒身而無法貢獻才學，有著深沉的感傷與無奈。

雖然受限於性別，但是女士的理想卻未稍減，所以其〈秋懷〉詩云：「高歌空羨負奇男，理鬢朝朝對鏡慚。瘦影怕教黃菊笑，素懷只許玉蟾諳」（頁八一），而這種心情也就構成本詩後四句的思想基調。第五句言自己有能力證明女性的才華，然而偏偏生在女性地位低下的時代裡，雖有雄心壯志，然而時間轉眼即逝，心中著實有著深重的遺憾，而這種心境卻無人可以傾訴，所以末句以「敢將哀怨問江鷗」作結。綜觀全詩，作者表現出超越時世格局的不凡見識，對於自我有十足的信心，對於男女不平等的現象勇於批判與質疑，對於國家時勢則胸懷大志，具有承擔大任的勇氣，其心胸氣度令人佩服。然而在當時的環境限制下，作者終究未能實現其理想，其「生不逢辰」的感慨，實是當時曾受高深教育，卻不爲世用的時代女性的心聲。（蔡榮婷）

中秋夜偶成

團圓三五夜①，高閣獨登臨。
天上一輪滿②，人間萬感侵。
花香秋露濕，風動暮雲沉。
世事滄桑③幻，嫦娥④自古今。

【註釋】

① 三五：指十五，三五夜即中秋夜。〈古詩〉：「三五明月滿，四五蟾兔缺。」魏文帝〈雜詩〉：「天漢迴西流，三五正縱橫。」

② 一輪：輪者圓也，一輪指圓月。王貞白〈胡笳曲〉：「一輪霜月落，萬里塞天空。」

③ 滄桑：即「滄海桑田」，喻世事變遷無常。《神仙傳》載：「麻姑謂王方平曰：

接侍以來，已見東海三爲桑田。」

④ 嫦娥：后羿妻，竊羿不死之藥，奔月。後人稱月宮仙女曰嫦娥。李商隱〈嫦娥〉詩云：「嫦娥應悔偷靈藥，碧海青天夜夜心。」

【鑑賞】

寫「月」一直是中國文士的一大主題，金川女史也承此溫柔敦厚的詩風，詩集中有多首詠月之作，特別是中秋詠月，充滿望月懷遠及古今人事的反省。

此詩從月圓起興，首聯先寫中秋月團圓，原本團圓夜應是幸福、熱鬧的，但詩人卻用了「高閣獨登臨」來承接，反襯出「獨」字這缺憾不圓、淒清冷淡的現象。「團圓」與「獨」，在一聯中對比成趣，形成詩情強烈的張力。此時詩人的現實時空是孤單的、淒然的，與另一首〈中秋夜即事〉：「絕好團圓三五夜，廣寒軼事話霓裳。」（《金川詩草》，頁八一）的情境不同。後一詩至少有伴話月，而此詩則獨自登臨。「團圓」二字便與字義上有很大的落差。這是團圓一詞在此不能團圓之夜的反諷之趣。此外，團圓也是月色的實寫，中秋月圓，起句用團圓，便突顯月色皎潔當空的渾圓之美，正如其〈秋懷〉詩所云：「月自團圓景自出」（《金川詩草》，頁九六）。

頷聯承接這種「圓滿——缺憾」、「天——地」的結構方式，一句寫天上月輪圓滿，一句寫人間百事侵感，使月的圓與人事的缺對應成趣。「一輪」的省淨、和諧、純一，與「萬感」的紛雜、擾亂、繁複，也是對比成趣的絕佳對仗。

頸聯陪襯月色，用花香、秋露、風、暮雲，點染中秋夜下月色之美，然而「濕」「動」「沉」數語卻是情語所在。雖有花香秋露，但濕字猶如人事缺憾之淚，也是夜氣侵人的露水，李白〈玉階怨〉中「玉階生白露，夜久侵羅襪」的淒清女子形象，在此濕字中若隱若現。而風「動」雲「沉」，如何能朗月明耀？只徒增雲嵐蔽影而已，這風雲不正是人間萬感侵的原由？風雲在此成了人事紛陳的象徵，此心豈能不「動」不「沉」？

末聯結構上不再承「天——地」的分寫方式，改爲「地——天」作收。地面上的人事，滄海屢變桑田，幻化無常，天河上，嫦娥卻長生千古，有著亙古至今的永恆，變與常、滄桑與團圓，成了此詩中耐人尋思的主題。這是古來寫月佳妙的詩人都不禁要思索的重要問題。張九齡〈望月懷遠〉中「情人怨遙夜，竟夕起相思」的思人之「怨」，寫的正是人生的不圓滿，張若虛〈春江花月夜〉中「江畔何人初見月？江月何年初照人？」寫的也是人生代代的沉思。人生去來如潮汐，世界變化成滄桑，而月卻恆久長存？今月曾經照古人，今人卻不見古月時，難怪金川女史要說：「世事滄桑幻，嫦娥自古今」。「嫦娥」是「月」之恆常的象徵，也是金川女史望月時最常描繪的綺思，〈雨後月〉云：「疑是姮娥初浴罷，廣寒宮裏現全身」（《金川詩草》，頁二八），寫出雨後，月娘如浴罷現出全身的嬌美。〈廣寒宮〉云：「偷藥嫦娥原舊識，一枝肯許折歸來」（《金川詩草》，頁八二），妙想與嫦娥親如舊識。〈戊子中秋即事〉云：「嫦娥也有沉淪劫，無怪草堂杜老愁」（《金川詩草》，頁一一〇）寫颱風夜，河傾、雨暴、屋壓的中秋月，嫦娥蒙劫，更饒富奇趣，金川女史爲嫦娥增添異彩，用嫦娥反觀人事，在詩中均有極豐碩的情思。（蕭麗華）

蕉　影　二首之二

鹿夢沈酣日欲斜，清陰小院靜無譁。
多情風起青旗轉，重疊清光上碧紗。

【鑑賞】

〈蕉影〉由兩首七絕組合而成，本詩是第二首，押麻韻。首句「鹿夢」典出《列子》〈周穆王篇〉：「鄭人有薪於野者，遇駭鹿，御而擊之，斃之。恐人見之也，遽而藏諸隍中，覆之以蕉。不勝其喜。俄而遺其所藏之處，遂以爲夢焉。順塗而詠其事。傍人有聞者，用其言而取之。既歸，告其室人曰：『向薪者夢得鹿而不知其處；吾今得之，彼直眞夢矣！』室人曰：『若將是夢見薪者之得鹿邪？詎有薪者邪？今眞得鹿，是若之夢眞邪？』夫曰：『吾據得鹿，何用知彼夢我夢邪？』薪者之歸，不厭失鹿。其夜眞夢藏之之處，又夢得之之主。爽旦，案所夢而尋得之。遂訟而爭之，歸之士師。

士師曰：『若初眞得鹿，妄謂之夢；眞夢得鹿，妄謂之實。彼眞取若鹿，而與若爭鹿。室人又謂夢仞人鹿，無人得鹿。今據有此鹿，請二分之。』……」這個故事是說樵夫打死一頭鹿，並將它藏了起來，沒想到竟忘了藏鹿所在，因而以爲自己是作夢。鹿爲傍人取去，而樵夫作夢，夢見藏鹿之所與取鹿之人，於是前去索鹿，兩人爭訟起來，最後法官判決二人各分一半。這是一篇寓言，以樵夫最初眞的得到鹿，卻虛妄說是作夢；後因作夢而知失鹿之所在時，又指夢境爲眞實的故事，比喩世間的眞事往往有如夢幻，而夢幻有時卻又是眞事。

作者運用「鹿夢」入詩，使首句所云的「沈酣」產生變化，究竟沈酣是夢，抑或是實，終難定論，於是詩作便呈現出世事如幻的哲思理趣。第二句以簡單意象勾勒出小院落的靜態風貌，此一小院落，因蕉葉的濃蔭而顯得清涼，處處浮現著沒有人聲喧譁的寂靜，而就在無聲無響的寂靜中，時光緩緩的滑逝，不知不覺已到了黃昏時分。末二句描寫小院的動態風貌；第三句的「青旗」原指酒家的酒旗，此處則借以指葉大如旗的蕉葉。此句以擬人化的手法描寫「風」，它多情的打破小院的寂靜，轉動著有如青旗的蕉葉，使蕉葉的清光掩映在窗紗上，讓寂靜的小院透顯出蓬勃的生機。（蔡榮婷）

酬答淑卿女士 六首之三

勸君休嘆異鄉人，等是天涯作客身。
從古多愁本多病，莫將離合問前因。

之五

一事憐君亦自憐，無情千古是蒼天。
從知精衛能啣石，恨海茫茫枉卻填。

【鑑賞】

〈酬答淑卿女士〉共有六首七絕組詩。酬答意謂作詩與他人詩作相酬和，是知淑卿先有詩作，作者續作，而相互酬唱，所以第一首云：「盥誦瑤函淚欲流」，第二首云：「文章流暢感君才，字字情眞語亦詼」，指的都是淑卿女士的詩作。淑卿女士姓林，原籍汕頭，後于歸高雄陳君，與金川女士比鄰而居，是金川女士往來密切的詩友。

第三首，押眞韻。第一句的「休」字，原本作「修」字，疑誤。首句言「勸君休嘆異鄉人」，當是回應淑卿詩作中的感歎，勸慰其思家之情。淑卿由汕頭嫁至高雄，自會有離鄉之思、異鄉之歎，然而參照第四首所言：「莫漫臨風哭當歌，靜神養氣自寬和。君宜細味先賢句，佳偶無多怨偶多。」以及第六首的：「骨肉分離極可憐，思親惹我憶當年。暫時相別還相聚，且莫臨風涕淚漣。」則淑卿的感歎並不僅是骨肉分離的思親之情，其中還寓含著婚姻上「佳偶無多怨偶多」的悲哀。

第二句作者以「等是天涯作客身」來安慰淑卿，此句應有兩重含意，一者是說我與你相同，都是離家遠嫁異鄉之人，再者若從宏觀角度來看，何人不是寄生浮世之天涯過客？由此觀之，則無處是家鄉，亦無處不是家鄉，又何必爲身居異鄉而哀傷。回觀第一重含意，論理女子嫁入夫家，應以夫家爲家，然而作者與淑卿卻感歎自己是「天涯作客身」，其深意實耐人尋味。

第三句勸淑卿要忘愁解憂，以靜養病體。而作者用以勸慰淑卿的觀念，應即如第一首所言的：「庸人自古原多福，學得庸人便不愁。」勸淑卿不要想太多，放得糊塗些，避免折磨自己。第四句承接第三句文意而下，其言：「莫將離合問前因」，所謂的「離合」當指骨肉分離的親情，以及婚姻生活中的夫妻感情，此等皆是淑卿內心的傷痛。由於第一首有「傷心我欲問如來」句，因而此句的「前因」應是指佛家的因果觀念而言，作者此處勸淑卿不要追究解析造成今日景況的原因，應學習「庸人」，事事糊塗些，日子便好過些。

此詩表面上是酬答淑卿，並安慰淑卿的不如意。但正如第一首所言的：「有才不遇復何求」？對敏慧如金川、淑卿的女性而言，空有才華，卻不能施展，而其才華亦無法扭轉女性的地位，無法改善女性在現實生活中所面對的困境，其心靈上的抑鬱可想而知。因此淑卿的悲哀並不僅是她個人的不幸遭遇，實際上可說是當時女性的寫照。

第五首，押先韻。首句言「一事憐君亦自憐」，此當是承第四首末句而言，意指「佳偶無多怨偶多」的慨歎。當時女性無婚姻主導權，因此步入婚姻生活之後，面對女性處於劣勢的現實景況，其感慨自然較深切。第二句言「無情千古是蒼天」，「蒼天」意謂生命的主宰，「千古」指時間的亙古延伸，此處是自亙古以來綿延不絕的生命長流而言，認爲推動命運流轉的主宰實是無情的。此種感慨，一方面是對個人境遇難以轉化的抒發，另方面亦是針對歷來女性的整體命運發出不平之鳴。

第三句「從」字疑當作「縱」字解，精衛啣石的典故出自《山海經》〈北山經〉，其文記載著：「發鳩之山，其上多柘木。有鳥焉，其狀如鳥，文首、白喙、赤足，名曰精衛，其鳴自詨。是炎帝之少女，名曰女娃，女娃遊於東海，溺而不返，化爲精衛。常啣西山之木石，以堙於東海。」。根據〈北山經〉的記載，精衛鳥是古代神話中溺水少女所化生的小鳥，它不斷啣木石塡海，志在將海塡平，因此後世常用以比喻難以實現的忠貞之志。此句是說縱使知道精衛能啣石塡海以酬其冤，作者也願意效法精衛鳥的驚人毅力，盡全力來扭轉環境，但是末句卻以「恨海茫茫枉卻塡」作結。此句一方面說明個人力量面對大環境的無奈與無力感；另方面而言，「恨海」固然是個人的遺憾，但於此何嘗不是指歷來所有女性的悲慘境況，此種歷來女性共有的悲哀，又將如何塡補其中的憾恨？細讀此詩，作者對於女性無法自主的命運，有著無比的憤慨與感傷。（蔡榮婷）

感作　四首之四

落木西風瑟瑟秋，故園遙望白雲悠。
多情惟有樓前水，解送離心向北流。

【鑑賞】

此詩爲〈感作〉詩組四首之四，是寫於秋天的懷鄉詩。屈原〈離騷〉：「日月忽其不淹兮，春與秋其代序。惟草木之零落兮，恐美人之遲暮。」宋玉〈九辯〉：「悲哉！秋之爲氣也，草木搖落而變衰。」自從屈、宋以來，秋天在詩人筆下，總是蕭瑟而憂傷。同樣是秋天，白居易說：「楓葉荻花秋瑟瑟」。杜甫說：「無邊落木蕭蕭下」、「落木更天風」。金川將歷代詩人的悲秋情懷蛻化成：「落木西風瑟瑟秋」。落葉應風飄落，氣象蕭颯。同樣是秋風，不言「金風」，而言「西風」，更增強了蕭瑟氣氛。

秋天是收成的季節，也是凋傷的季節。秋天是屬於詩人的，因它詩情畫意而憂傷。

秋高氣爽，天空格外蔚藍、白雲格外皎潔，仰望悠悠白雲，怎不令人想起遙遠的故鄉呢？

秋風蕭瑟，白雲飄緲，只有樓前流水，了解詩人的鄉愁日日夜夜向著詩人的故鄉——豳水方向流去，詩人期望將她的思念託付流水帶回她的故鄉。

此詩將悠悠的鄉思，安排在蕭瑟的秋景中，格外感人。因秋起興，詩人主觀的將眼前所見秋天的景物——落木、西風、白雲、流水分作無情與多情兩種。前三者在詩人看來是帶來秋意，飄忽不定、使人傷懷的景物，所以它無情；落花有意，流水無情。「流水」本是無情物，但在詩人看來，因爲「流水」能日夜如一將她的思念帶回故鄉，所以是多情的。賀知章在八十六歲告老還鄉時，見到故鄉的物是人非，感慨的說「多情惟有鏡湖水，春風不改舊時波」（〈回鄉偶書〉二首之二），如此看來，「專一」與「不變」便是流水由無情轉爲有情的原因了。一、三句寫景，二句「遙望」和末句「解送」兩個動詞使得全詩連串起來，情景交融，環環相扣。第三句雖不押韻，然句中「樓」字與他句諧韻，使整詩讀來流暢自然，更顯得思鄉情懷本是出於自然。難免令人感到多情又惆悵。（廖一瑾）

雞聲茅店月①

二首之一

板橋人跡去騣騣②，逆旅③衣單苦不禁。
報曉靈雞催客夢，窺窗殘月動鄉心。
一鞭煙霧千愁集，兩鬢風霜百感侵。
梓里④白雲何處是，天涯回首淚沾襟。

之二

荒村五夜⑤寂無譁，孤館蕭條去路賒⑥。
一枕雞聲驚曉夢，半鉤月色挽⑦征車。
忍寒輕拭霜邊劍，苦戍遙聞塞上笳。

明滅殘星天未白，卻憐遊子復天涯。

【註釋】

①雞聲茅店月：此爲臺灣擊缽吟常用之詩題。出自溫庭筠〈商山早行〉：「晨起動征鐸，客行悲故鄉。雞聲茅店月，人迹板橋霜。……」其中三、四句以代表六種景物的名詞，將秋日早晨旅人晨起辛苦趕路和羈旅之愁思，意象鮮明、音韻鏗鏘的表現出來，曾經經過歐陽修、梅堯臣、李東陽的討論，遂成了膾炙人口的詩題。

②駸駸：音ㄑㄧㄣ。馬疾行貌。

③逆旅：客舍也。

④梓里：謂故鄉也。

⑤五夜：指清晨四時，杜甫〈和賈舍人早朝大明宮〉：「五夜漏聲催曉箭，九重春色醉仙桃。」

⑥賒：音ㄕㄜ。遠也。

⑦挽征車：引行旅之車也。白居易〈送鄭谷詩〉：「郵亭已送征車發，山館誰將侯火迎。」

【鑑賞】

此爲臺灣擊缽吟常用之詩題，採自溫庭筠〈商山早行〉中的詩句，以「雞聲、茅店、月、人迹、板橋、霜」六種景物的名詞呈現出秋日早晨旅人辛苦早起趕路的情形，意象鮮明，膾炙人口，此詩以此爲題，寫秋日早晨旅人早起趕路的辛苦。

第一首首句「板橋人迹」指秋日清晨板橋霜上的足跡。「去」字暗含離家日遠。「駸駸」則表現早行的匆忙。而早行匆忙是如何看出的呢？是從板橋上足跡的零亂得知的。

次句「衣單」二字代表多重的意義，包含以下三種意思：㈠秋天早晨氣候轉涼。㈡羈旅的辛苦無依（依，衣諧音）。㈢旅人內心的孤單。

三句「報曉靈鷄」雖是日常所有，但在「逆旅」中聽到鷄聲，使得「夢裏不知身是客」的遊子驚醒，必須立刻起床趕路，是多麼的無奈？此又和前句的「苦不禁」互爲照應。此句藉聽覺的鋪寫引出羈旅情愁的意象。

四句「殘月」應指下弦月，淒涼的視覺意象補充加深三句的愁。三、四句對仗工整，聽覺、視覺互相錯落，意象鮮明，相得益彰。

頸聯「一鞭煙霧」不但呼應首句「去駸駸」的疾行狀貌，並且張力十足，似乎那揚起的馬鞭會像魔棒一樣在頃刻間揮出漫天征塵、觸動「百年身世」和「八千里路」的愁緒。「集」字點出這些愁是由外而內濤濤而來。下聯「兩鬢風霜」和「一鞭煙霧」不但對仗極工而且亦相照應，暗指「風霜」是因「煙霧」而來；且與第二句之「逆旅衣單」遙扣。

尾聯總結旅人心情，浮雲遊子意，回首故鄉，遠在天涯，情何以堪？首句之「去駸駸」之「去」，與末句「天涯回首」之「回」，首尾照應；「去」是有形的身體，不得不去；「回」是無形的心神，忍不住不回，更加深了身不由己的羈旅情愁。

詩組之二是一首以第三人稱的立場描述秋日早晨苦戍邊塞的遊子的詩，自古以來戍邊之苦一言難盡，詩人以清晨趕路的景象作例，以少總多，其餘就可想而知了。

首句，由景入情，「荒村五夜」從地點與時間鋪陳寂寞荒涼的景象，「寂無譁」表示天色尚早，並爲三句的「鷄聲驚曉夢」，預作伏筆。

次句「孤館蕭條」點出時序爲秋天和旅人的孤獨；「路賒」意味旅人之征途漫長，歸期無期。

三句「驚」字打破了第一句的「寂無譁」，也驚破了二句的靜態世界，使整首詩開始動了起來。

「半鉤月色」指的是下弦月，「鉤」字又有牽引的含意。旅人的行車在寂寞的清晨，天尚未亮，沒人指引方向，只靠天邊淒涼的殘月指引，踽踽前行，意象蒼涼。

頸聯說明旅人原來是位戍邊的軍人，邊塞的秋天來得特別早，清晨已經寒氣逼人。「拭劍」含有二義，一是劍因天冷而結霜，一是預備或心想上戰場。「拭劍」是以少總多，暗喻戍役之苦。「塞上笳」不但鋪寫邊塞的荒涼，亦可以想見敵人就在不遠之處，戰事隨時可能發生，和二句的「去路賒」相照應。

尾聯上句明寫時間，暗寫戍役之苦，天未亮就已趕路、拭劍、聞笳了。「殘星」二字更加深了邊塞荒涼之感。末句是以第三者的語氣哀憐遊子離家日遠，歸期無期。「復」兼有時間和空間的漫長與遙遠。

此詩在「荒村」、「孤館」、「半鉤月」、「殘星」、「塞上笳」等名詞鋪陳下，景象荒涼寂寞。以此景象烘托戍邊遊子的辛苦。以「去路賒」、「輕拭霜邊劍」、「復天涯」暗示遊子有非去不可的任務。「塞上笳」明寫聲音，卻使氣氛更加荒涼了。而「鷄聲」是使大地由靜態變動態的關鍵。首聯的「去路賒」已十分不堪，對應末聯的「復天涯」不但沒有回顧的餘地，反而繼續前行，使人有行行重行行，返鄉綿渺無期的悲涼之感。（廖一瑾）

夏日雜詠　四首之一

滿院風光①現蔚藍，橫琴人坐小窗南。
浮瓜沉李②渾閒事，雁柱③風寒禪味參。

【註釋】

① 風光：日照風物所顯的光色。謝朓〈和徐都曹詩〉云：「日華川上動，風光草際浮。」

② 浮瓜沉李：言夏日之景象，古人浮瓜沉李於冰中消暑，後人每於文中引以況暑日行樂。《東京夢華錄》云：「往往風亭水樹，峻宇高樓，雪檻冰盤，浮瓜沉李。」魏文帝〈與吳質書〉亦云：「浮甘瓜於清泉，沉朱李於寒冰。」

③ 雁柱：琴柱斜列如雁行，故稱雁柱。張子野〈詩〉：「雁柱十三絃，一一春鶯語。」

【鑑賞】

四季、風物是金川細膩詩心經常融塑的題材，除了大量的詠物詩外，摹寫春、夏、秋、冬各種季節情態的作品也不少，如〈春夜即事〉、〈秋感〉、〈春日〉、〈冬園即事〉、〈殘夏〉等，其中寫「秋」與「春」作品頗多，寫夏日情懷的作品在古人本來就極少，金川女史卻極難得地有〈夏日雜詠〉三首及〈殘夏〉、〈初夏書懷〉、〈夏日雜詠三十韻〉等四十餘首作品，佔全集四分之一弱，這與南臺灣溽暑風情應有一定的關係。清王闓運《湘綺樓日記》云：「夜坐吟玉臺詩，夏景絕少。」大抵春秋風物絕佳，詩人疏瀹五臟，澡雪精神，文思泉湧，因此傷春悲秋一直是中國古典詩的兩大主題。金川詩卻在夏日著力，爲中國古典詩歌開闢嶄新的領域。

此詩首句從「風光」入手，寫夏日風物上粼珣的光影，不僅融攝夏日的風景，也顯出日照大地浮光躍金的效果，而滿院的風光遠處，蒼穹蔚藍，這正是南臺灣烈日藍天的夏季。

溽暑並未給詩人帶來煩悶，詩人雅緻的巧心，可以橫琴憑窗，「南」字更扣合著夏日南風的臺灣景象，同時也藏有「南窗羲皇白日上」的一份閒逸與逍遙，此琴不正是陶淵明的無弦琴嗎？人坐南窗，橫琴消夏，這份靜穆自得只有羲皇上人的境界，只有陶淵明的逸致才能得。

浮瓜沉李是三十年代臺灣未電氣化前常見的景象，以大自然的瓜果沉井底泉澗，取其冰潤消暑，成了夏日生活的閒情樂事。金川女史在此用「浮瓜沉李渾閒事」顯得平實有味。

末句的「雁柱」承第二句「橫琴」而來，暑夏應是燠熱，但金川女史卻偏寫「風寒」，此風從何而來？是琴音消憂？還是浮瓜解熱？這種反語清涼正是禪者境界。方回《瀛奎律髓》云：「閒可減暑，靜足支暑」，可見金川女史「閒靜」的功夫，直是禪者修爲。金川閒靜的功力在她其他詠夏的作品可見一斑，〈初夏書懷〉云：「爲愛清風近碧蓮」（《金川詩草》，頁五九），〈夏日雜詠三十韻〉其一云：「庭前閒立藕花風」（《金川詩草》，頁七二），其十三云：「一枕遊仙清夢覺」（《金川詩草》，頁七四），其廿四云：「幾分涼氣透紗幮」（《金川詩草》，頁七七）等等，在詠夏諸作中，金川女史不斷提到「清涼」、「清夢」、「清風」等等，夏日的苦熱在她閒靜的功夫下已然消融。她常常以讀書、吟詩、臨畫、賞景、聽蟬來度過夏日炎威，省識清涼眞諦。例如〈夏日雜詠三十韻〉之九云：「日長無事坐蕭齋，苔濕沿青上玉階。漫道今朝天氣熱，阿儂偏冷到吟懷。」（《金川詩草》，頁七四）又廿二云：「靜裏方知夏日長，何曾苦熱恨炎陽。消閒不用囊冰枕，寬得吟懷夢自涼。」（《金川詩草》，頁七六）另一首〈夏日雜詠〉云：「新詩解渴手頻抄」（《金川詩草》，頁一〇一），可見閒靜吟詩是金川消夏妙方。白居易〈旱熱〉詩云：「誰言苦熱天，元有清涼地。」《華嚴經・十地菩薩品》有「清涼地」菩薩，是禪佛修養境地的開展，白居易曾參禪味道，因此也學得如何看待苦熱天。他在〈夏日與閑禪師林下避暑〉云：「熱惱漸知隨念盡，清涼常願與人同。」都是以禪法在一念清淨上除去煩惱，燠熱也知隨念掃去，開放自得清涼。金川女史在結句上說：「雁柱風寒禪味參」，雁柱能得風寒，原來是禪心使然。（蕭麗華）

謹和月華①女士述懷瑤韻 二首之一

管他華髮歲時加，飯後憑欄看落霞。
我愧一生知己少，輸君抗手②話詩家。

【註釋】

① 月華：蔡月華，日據時期高雄之閨秀詩人，亦爲高雄閨秀吟社「蓮社」創始人之一，其夫婿爲從事教育工作的孫媽諒君。

② 抗手：舉手爲禮。《漢書．揚雄傳》：「抗手稱臣。」此爲金川自謙之辭。

【鑑賞】

此詩是金川與友人蔡月華唱和之作。蔡月華是日據時期高雄閨秀吟社「蓮社」的創始人之一，爲金川的閨中密友。從題目得知月華應有以「六麻」韻寫的述懷詩，金川以原韻和之。

首句開門見山直述當時的心境是：隨著年歲的增加，人生諸多閱歷與磨練，終於能沉澱出一片澄明與果決——那便是價值觀的超越與肯定，已不去管外表的白髮是否增多了。

次句承接前句說明不但能坦然面對年華老去，更懂得領略生活中隨處可得的「美感」——閒逸之美。晚飯後憑欄遠眺西天的彩霞，多麼自在美好！這便是我目前的人生境界。「看落霞」以少總多，只舉一例，其餘的「閒逸之事」，就可以想知了。

三句說明由於自己的深居簡出，所以交遊並不廣闊。「我愧一生知己少」，不但點出詩人平日的安於平淡，更凸顯詩人與月華之間友誼的珍貴。

末句是結語，說明二人之間平日的交往是以詩會友，「話詩家」可解爲：談到作詩這一方面；亦可解爲：對於各詩家們的了解（因月華活躍於詩社活動）。整句是說：在「話詩家」這一點，我「抗手稱臣」輸給了妳。

此詩一、二句述懷，第三句是過渡，以「知己少」喻相交深，既是述懷又兼引出末句和詩應有的回應。月華以詩擅長，金川說「輸君抗手話詩家」不但切題，亦可見作者「溫柔敦厚」的詩人氣質。（廖一瑾）

殘 夏

橫行赤帝①漸無權，消卻炎威六月天。
滿蓋水珠跳雨後，幾莖蓮②蕊墜先秋。
樓頭短笛吹清暑，葉底輕蟬咽暮煙。
容易西風看欲到，遊江擬泛木蘭船。

【註釋】

① 赤帝：五帝神之一，南方之神，名曰祝融，居離而司夏，其色赤，故曰赤帝。

② 蓮：《正字通》載北人以蓮爲荷，今俗稱荷皆謂之蓮。

【鑑賞】

詩題似爲臺灣擊鉢詩。夏天有許多別名，詩人開篇便以「赤帝」的橫行來形容，將南臺灣夏季的酷熱難當表露無遺；「漸無權」是說隨著季節的轉移，「赤帝」之權漸失，天氣不再那麼熱了。儘管酷夏多麼令人不喜歡，現在它慢慢遠去，倒有幾分令人惆悵。

次句「消卻炎威」和首句互相照應，消卻前句的「橫行」，使得赤帝漸無權；因爲前句「赤帝漸無權」所以「炎威消卻」了。此二句緊扣詩題，交待明確。三句說明「赤帝」的「無權」與「炎威」的「消卻」，起因於一場雨，這場雨是從雨後荷葉上的水珠看出來的。這是一場很關鍵性的雨——夏天因它而漸遠，秋天因它而漸近。三句寫荷葉，四句寫荷花，三句生機靈動，四句「物亟必反」，一雨成秋，秋天是如何得知的呢？是從荷花的飄墜而看到的。

頸聯以耳際所聞著墨，雨後的清涼引來樓中人的雅興，吹弄短笛，笛聲透過雨後沁涼清新的空氣，聽起來是悠揚的。不僅是樓中人有雅興，葉底小蟬亦受了感染在暮色中咽嗚。二句對仗工整，然「聲情」相異，前句悠揚，後句悲淒。

尾聯因雨而想到風，縱筆遠揚，轉身虛際，由眼前風景寫到即將來臨的秋天，由時光的易逝又想到應即時把握，遊江去也。

此詩由外而內，由景見情。頷聯全寫視界所及，前句的「滿蓋」和「水珠」都是圓形之物，暗含圓滿之意。後句「幾莖蓮蕊」和「墜」字，有衰殘之意。互爲映襯，形象鮮明。頸聯全由聽覺著墨，有強（笛）弱（輕蟬）之緻。末句遊江泛船之舉和首句橫行無權之狀似有互相較勁、互別苗頭的意味，首尾照應，耐人尋味。（廖一瑾）

感作　三首之一

人生世上似行舟，萬丈驚濤萬斛①愁。
安得浪平風靜裡，一江煙景②任優遊。

之二

劫後心寒膽亦寒，人生濁世萬重灘。
黃金漫說無邊力，恨海如天欲補難。

【註釋】

① 萬斛：斛，音ㄏㄨˊ。容量名，十斗為斛。萬斛為十萬斗，此處形容愁之多。

② 煙景：湖上湮波，指美景。煙，山水雲霧之氣。崔塗〈春夕〉詩：「自是不歸歸便得，五湖煙景有誰爭。」

【鑑賞】

金川情感豐富，心思細膩，在多首題爲〈感作〉的詩作中，可窺知其幽邃波折的悲歡世界。

第一首爲詩人婚後之作，對人生濁世之感傷，雖無法確指何事所致，但此詩透顯出：在對現實人生無奈的喟嘆之餘，仍有企求平和、清悠、恬淡的心境。

詩以行舟始，以泛舟結，起承轉合，極其和諧自然。「人生世上似行舟」，寫出世事波舟，人生坎坷之歷程。雖然詩句表面上，僅說人生像行於江水上的船隻，但感喟愁思之情已呼之欲出。第二句「萬丈驚濤萬斛愁」，不僅是江潮鼓湧，波濤翻滾，事實上也是自己起伏不平情緒的寫照。對此驚懼不安的情境，詩人以「萬斛愁」來比擬其心中愁情之多且深。以江水來形容愁情，詩詞中時見。唯金川此句且暗寓了「驚起卻回頭」的不安愁緒，及愁思翻騰的折磨之情。

人生似行舟，這是詩人無法改變自己處境的事實。不論眞實的人生是否就像處於驚濤萬丈的行舟？還是感情就像行舟處於波濤洶湧中？詩人都不願江濤暗潮不息，而希望能獲得一種穩定、風平浪靜的環境。「安得風平浪靜裡，一江煙景任優遊」二句，正是對目前處境的企求心願。「安得」有如何能夠、何時可得的意味，正襯托出目前現實的逆境。結句表現了詩人自身的情感追求和審美愛好。在綠波之上，泊著扁舟，優游於煙雲裊裊的美景之中。這不僅僅是超脫塵世喧囂的情趣，也將是澄清心志、治療焦慮、銷憂之道。

金川爲人溫雅，詩作亦以委婉蘊藉見長，〈感作〉系列之詩，則頗有直訴衷腸，一吐心中積鬱之意味。或許詩人自身雖堅貞不渝情，但世事多磨折，在愁思百結的情況下，她毫不隱諱說出自己的心事。正因爲人世擾攘紛紜，她寄望有朝一日得以徜徉於山隈水涯，領受無機心的山水自然之美。

世事之摧折、人情之缺憾，使得詩人情緒時現鬱悒，她希求生活、生命之沖和安定，自是可以充分體會。但是她果眞能全然忘卻人生的悲哀，透過〈感作〉第三首，我們深刻感受到詩人渺渺悠長的傷感，及激烈的痛苦。籠天蓋地，宇宙間似乎唯有愁恨二字而已，令人百感交集。

第三首詩乍看之下，似無令人驚心動魄之處。形式上直吐胸臆，無用事過多之習，亦不追求藻飾華美，但卻以眞切取勝。

詩一開頭就說：「刼後心寒膽亦寒」，重複用了兩個「寒」字，節奏強烈，透露了心中完全無法平靜。詩人究竟爲何「刼」心寒膽寒？她並不正面點破。在無言之中含蘊了無盡之意，讀之使人感到情意充溢，而難以實指。在《金川詩集》中，我們可以看到類似此詩情懷的詩句，如：「夜來無藥不成眠」、「書香難使我心清」、「庸人自古原多福，學得庸人便不愁」、「從知精衛能啣石，恨海茫茫枉卻塡」等，從這些詩句看來，詩人內心深處似乎充滿憂傷與痛苦，是愛情的失落？還是人事的複雜？我們不得而知，但首句將其感情閘門全部打開，一任怨情奔瀉而下，卻是可以深刻感知的。詩接著說：「人生濁世萬重灘」，此句與〈感作〉第一首：「人生世上似行舟，萬丈驚濤萬斛愁。」近似，「萬丈驚濤」固寫其萬斛愁，但亦是行舟中必然引起的心驚膽寒。處於污濁的人世，行路（舟）之難，有如千萬重險灘的泥阻。

三、四句說：「黃金漫說無邊力，恨海如天欲補難。」「漫說」有隨意說、大言、欺罔的意味，易言之，黃金（錢財）怎能有無邊力？如天的恨情，即使「有財者，錢能通神」亦難以補救。此二句用筆似灑脫，卻又冷峻，在哀怨的高潮中，戛然而止，動人心弦。詩人一生雖富貴雍容，但人生諸事容有不順之時，雖有財富，亦徒呼負負。做為一位貞靜自好的女性，固不能於悒鬱無歡之際，學男子之縱情享樂，以逃避內心濃得化不開的愁情，而即使藉書香解憂，似乎也是難以心清的。這使得她再也按捺不住悲憤、悵恨，終於千迴百轉，逼出「恨」字，以「恨海如天欲補難」作結。如天的恨海，說明了她心中憾恨之情，如天之廣大，同時難逃天地之間，天長在，恨情固然也長在。然而天破了，尚有女媧揀五色石以補之，恨情有了遺憾，卻是要修補也很難。這一句聲情凝聚，發爲永嘆長吟，繞繚至於無盡。做爲收束全篇的此句，或許應該視爲感嘆句吧！

本詩情感起伏跌宕，辭情淒怨，雖沒有明白說出憾恨之劫的由來，但作者絕不故作姿態。讀畢全詩，讀者自可感受到詩人一片眷戀之深情，在憾恨無法擺脫、補救之際，我們深刻體會其痛苦之深、憂傷之多，彷彿我們也有一道陰影遮蔽心頭，時而俯首低眉，時而呼天搶地。（許俊雅）

秋感

黃葉蕭蕭拂畫欄，天高露冷晚風寒。
三秋①月色牽愁易，數載鄉情入夢難。
簾為病侵鉤不掛，書因人靜夜貪看。
霜飛木落關山外，多少英雄淚暗彈。

【註釋】

① 三秋：秋季。王勃〈滕王閣序〉：「時維九月，歲屬三秋。」

【鑑賞】

此詩抒發了秋夜思鄉的情懷。詩中病弱、懷鄉（思親）的詩人形象，正是金川貞實生活中的寫照。

詩的首聯：「黃葉蕭蕭拂畫欄，天高露冷晚風寒。」寫出寒冷秋風吹拂落葉，黃葉飄零，輕輕拂過如畫的欄杆。葉落風寒，正呈現出幾分的孤獨寂寞。爲秋夜的鄉愁製造了氛圍，而秋風蕭蕭吹拂的，恐怕不盡是黃葉，吹拂起的更是詩人的鄉情。這兩句一就視覺著筆，一就觸覺抒寫，爲以下的觸景感懷先鋪敘。「三秋月色牽愁易，數載鄉情入夢難。」兩句，說明了秋天的月色是最易牽惹出鄉愁的，而自己離家已數載，還在外羈留，更令人傷心的是：「鄉情」連入夢都難。這兩句不僅僅是爲了點明時令，更直接抒發所感，亦即扣住題目「秋感」。明月本易撩人鄉愁，尤其秋月特別明亮，在明月映照之際，詩人只見自己孑然一身，不免形影相弔，更禁不住黯然神傷。「入夢難」，應不是僅字面上的意思，所謂日有所思，夜有所夢，如此濃重，日夜以繼之的鄉愁，怎麼可能不會在夢境中出現？這三字，背後蘊含了鄉愁使人悵悵難眠，長夜不寐之意。夜不能寐，固無夢可言，亦無鄉園可夢。因此詩的五、六句，我們看到詩人因思鄉而生病、不寐的苦境。

「簾爲病侵鉤不掛，書因人靜夜貪看」兩句，似乎詩人的腳步已從庭院移至臥房。簾鉤不掛是因爲生了病，然而病了不睡，本是反常現象，這句正是鋪寫其憂傷情況。悲悒愁鬱之情，使詩人難以入眠，然則身爲女子，既不能飲酒澆愁，亦不能結伴夜遊作樂，她只有藉著讀書來排遣愁懷，使人的精神、心情得以暫時抒解。詩中的「人靜」，呼應了衆人都已入睡，而自己還醒著的情景。此聯詩意甚豐富，或許我們也可以說：詩人因病而不能歸鄉，只好以書自聊。或許是因臥病而有更多暇豫的日子，遂爲思鄉所苦。

「霜飛木落關山外」，赴邊入關，離鄉日遠，不免愁情滋長，但詩中之「關山」，未必實指，而僅借「關山」說明：路途迢遞艱難，山川阻隔，更是欲歸不得。藉酒澆愁也好，藉書銷憂也好，弔詭的是，酒愈喝愈愁，而書果能解憂嗎？結句給予了明確的答案。詩至此，觸景傷情，英雄淚暗彈，也就可以想見了。全詩首就三秋時節描寫，後就鄉情抒發，我們讀了此詩之後，腦海中不也浮現一位愁思盈懷，爲鄉情所苦的遊子形象？（許俊雅）

贈淑卿月華兩女士　二首之二

林家文學蔡家詩，一樣真才兩樣奇。
愧我未能成一藝，侈談①肝膽②是相知。

【註釋】

① 侈談：侈言；大言。
② 肝膽：喻心也。此有「肝膽相照」、「輸誠相交」之意。

【鑑賞】

人世間因有深摯溫厚情懷的潤澤，才使廣漠天地閃亮著光輝，令人感受到永恆的親切與溫暖。而昔日女子喜悅之情，常來自親情、友情或愛情的和諧。詩人原是眞誠懇切的人，因此她對親朋亦都眞摯地投以熱烈的感情。展讀金川詩，最能感人肺腑的，便是這些眞摯熱烈的情愫。

詩人一生交遊並不廣闊，她說「我愧一生知己少」，其所交往者亦多爲英雌，這毋寧是自古以來傳統閨秀詩人的普遍現象。在《金川詩草》中，吾人可看出與詩人爲莫逆之交者，如林淑卿、蔡月華、曾玉誼、黛彬、雪瓊、張李德和、綉絨等人，金川與她們時有唱和之作。尤其淑卿、月華女士爲最，爲金川帶來不少慰藉。本篇之作即流露彼此肝膽相交之情誼。

詩的前兩句說：「林家文學蔡家詩，一樣眞才兩樣奇。」林家、蔡家分指詩題中的淑卿與月華，林淑卿，原籍汕頭，後來嫁于高雄陳君，與金川比鄰而居，蔡月華則爲高雄「蓮社」（詩社）創始人，二人皆能詩文，所以金川讚美她這兩位好友，詩文俱擅，擁有眞才實學。本來朋友相交，貴在知心，而知心之道，除輸誠相交，彼此間相互切磋學問，交換詩藝心得亦是增加情誼之道。易言之，在文學藝術上，如能自我充實才學，提昇鑑賞之境界，友朋同儕間便更能相互感通興發。詩的後面兩句說：「愧我未能成一藝，侈談肝膽是相知。」語淺而情厚，內心除由衷稱頌林、蔡之眞才外，亦有自我期勉之意。

其實，金川並非眞如其自述：未能成一藝。在詩學造詣上如今其成就是有目共睹，這裡只是詩人自謙之詞。但從此詩，我們卻可以看出詩人精益求精，絲毫不敢自滿之心志，同時可感受詩人和朋友間相處的融洽與濃厚的人情味。此詩爲贈詩，但沒有一般贈詩的通套，與應酬套語的夾纏，只有交情深厚的朋友，才能如此傾吐肺腑之言，肝膽相照，不做虛與委蛇的應酬。金川是位深於情而篤於誼的詩人，此詩寫來簡樸自然，有如口語，便是詩人具有眞誠之情感和一枝生花之妙筆所致。如果我們細細吟讀此詩，便能了解詩人的心情和感覺，對於朋友相處之道更能深刻去體會。（許俊雅）

送淑卿①女士歸汕頭　四首之一

話別西窗②夕照微，留君不住送君歸。
神交自古知無幾，來日相思兩地違。

【註釋】

① 淑卿：林淑卿，原籍廣東汕頭，來歸高雄陳君，與金川比鄰而居，以詩相交，遂成知己。

② 西窗：向西之窗。又婦人之居室亦作西窗。戎昱〈長安秋夕詩〉：「昨宵西窗夢，夢入荊南道。」李商隱〈夜雨寄北〉：「何當共翦西窗燭，卻話巴山夜雨時。」

【鑑賞】

「朋友」是五倫之一，是人生中不可少的一倫。日據時期的南臺灣，婦女受教育的風氣並未普及，能以文字論交，更是難得。以金川的家世背景和文學素養，可能常有「高處不勝寒」的寂寞，她又是個獨生女，沒有姊妹。當她能遇到可以談心的朋友，而且又住在自家附近時，應是十分雀躍欣喜的。林淑卿便是這樣的朋友，她從廣東汕頭來歸陳家，與金川情投意合，相知頗深。可惜世事難料，一年後淑卿因婚姻不諧而回歸原籍，今生今世也許再也不回高雄了。對金川來說，實有莫大的傷感，所以她一口氣寫了四首贈別詩。

此爲四首詩組之第一首，在歷來詩人的筆下，「西窗」是溫馨談心的地方。李商隱的〈夜雨寄北〉中「何當共翦西窗燭」給人多麼蘊藉難忘的聯想！此詩首句「話別西窗」，話別的場所不選在一般人常用的客廳，而選在可以談體己知心話的西窗（婦人的居室），可以看出女詩人與淑卿的交情匪淺，不言而喻。「夕照微」點出時間，又可知二人難分難捨，從白天談到夕陽西下。（一般習俗訪客不會選擇夕陽西下的時間才到，尤其這該是婦女在家準備晚餐的時間，所以認定訪客應是來了好一陣子。）別情依依，令人低迴。

二句承接首句依依之情，想留住朋友奈因天色已晚，只好「送君歸」去。此句「君」字重出，不但讀來節奏優美，而且有纏綿不絕的意象。

三句說明二人的訂交由於心靈有默契，惺惺相惜，並強調如此珍貴的友誼「自古無幾」。由此顯示此次的分別是多麼令人憾恨！

末句筆鋒一轉，想到來日汕頭、高雄兩地遠隔，見面遙遙無期。「違」字兼有事與願違和睽違二義。

此詩以齋齒音詠別離之情，纏綿哀婉，首、二兩句意象淒迷。三句對兩人友誼作客觀評價，「神交知無幾」以少喻深，密度極強，爲末句的預想來日先作伏筆；末句復以兩地之遠喻相思之長，一闔一開，張力頗大。三句談過往、四句言來日。因過往之眞誠乃有來日之思念。語出自然而情韻無限，一連寫了四首，其依依難捨之情，不言自明。（廖一瑾）

元宵思鄉　二首之一

輕寒向暖好元宵，閒坐樓頭感寂寥。
回首故園今夜月，萬千燈火映人潮。

【鑑賞】

作者婚後思親的作品不在少數，而此詩即是其中之一，詩首先指出元宵當天的天氣十分合宜，是個輕寒向暖的好日子，而上元也是一個合家團圓的時節，不免讓詩人想起他慈愛的母親；由於思親的緣故便上了樓台，希望能遠望家園，一解思鄉之愁，然而只有團團圓圓的明月，照著這個寂寞的詩人，遙知鹽水今夜當是「萬千燈火映人潮」，作者以熱鬧的燈節盛況來反襯一己的孤單與無奈。據說鹽水當年的燈節，所發射的烽炮上空之後，即會爆炸垂下一詩句或一對聯。可謂詩情寓於熱鬧與歡度之中。

故園或故國一辭在作者的作品中時常使用，《金川詩草》的《正集》中計有：

△朝朝樓外聽鶯啼，花放雕欄柳拂隄。
每憶故園人靜夜，玉簫吹月過橋西。（〈思鄉〉四首之一，頁二〇）
△故園回首路迢迢，楊柳垂絲綠萬條。
春色欲闌歸未得，不堪紅雨日瀟瀟。（〈思鄉〉四首之三，頁二〇）
△西風忽地入華堂，回首韶華九月將。
千里夢魂還故國，幾分愁病滯他鄉。
誰家玉笛吹殘暑，到處金英綻早涼。
觸我吟情禁不得，那堪又聽擣衣忙。（〈秋感〉二首之一，頁二五）
△斷續清吟透碧紗，幾疑琴韻出鄰家。
自從西陸歸來後，故國傷心咽落霞。（〈秋蟬〉，頁四一）
△孤山春色十分明，折到南枝感別情。
欲寄故園諸姊妹，憑他驛使雪中行。（〈贈梅〉，頁三五）

由於《正集》中「故國」、「故園」的意象，沒有明確清晰的指涉，所以林荊南先生認爲這是「如果說她以思親的筆觸寄意於懷念故國……在日本人的戰時體制下，一切都失去了自由，就只好忍氣吞聲去思親——懷念祖國。」（〈三台才女黃金川的詩〉，

《金川詩草》，頁一二五）又以爲她的〈雞聲茅店月〉二詩具有「高尚的愛國心和民族情愫」（同前，頁一二七），由於作者沒有清晰的註解，所以或許有其意也未嘗不對。但在《續集》中金川的詩歌再度使用「故園」、「故國」時的指涉，意義就明確的多了。

△連朝風雨太無端，不但行難夢亦難。
辜負故園好燈節，未能歸省總心酸。（〈元宵擬歸寧省親阻雨〉二首之二，頁九二—九三）

△多君別後寄書頻，無限離愁見性眞。
休嘆異鄉知己少，故園仍有素心人。（〈接綉絨女士來信有感寄懷〉，頁九五）

△豈盡才人命不濟，故園回首隔雲泥。
世間無限傷心事，偏與詩人作話題。（〈感作〉四首之一，頁九九）

△落木西風瑟瑟秋，故園遙望白雲悠。
多情惟有樓前水，解送離心向北流。（〈感作〉四首之四，頁一〇〇）

△年年燈節倍思親，故國風光入夢頻。
知否今宵明月好，清輝分照不眠人。（〈元宵思鄉〉二首之二，頁一〇七）

△菊滿東籬香滿樓，不堪回首故園秋。
幾聲歸雁天將晚，萬里西風水自流。
以夢當醒醒作夢，是愁生病病添愁。
無求未得心安樂，幸福應須幾世修。（〈秋感〉，頁一一〇）

此處的「故園」或「故國」明顯的是指詩人生長的地方——她的娘家，由〈元宵擬歸寧省親阻雨〉二首之二的「辜負故園好燈節」，最能清楚的顯現「故園」作為娘家的意義，又〈感作〉四首之四中的「解送離心向北流」也清楚的指出嫁到高雄的詩人，向北遙望鹽水的故居，因此其一的「故園回首隔雲泥」可能是咫尺天涯的感覺了。許俊雅博士以為「因其詩或別有託寓在，並不如此單純，可以確指，但其詩有多首云：『感作』，則必有『感』於某事而發，林氏之說或非無據。」（《靜對遙峯》，頁一〇八）《續集》中的〈感作〉究竟是有感於何者呢？分析來，㈠為女兒身有志不得伸的感慨：如〈雜詠〉四首之三：「可憐無用女兒身，千古含冤志莫伸。未必多才能累德，何曾不學作賢人。」（頁一〇三）㈡世事難料：如〈中秋夜偶成〉：「人間萬感侵……世事滄桑幻」（頁九七），〈感作〉三首之二：「從來恩怨豈無端，一事難平百事難。卻笑此生如傀儡，犧牲究竟為誰安。」（頁一〇四）㈢朋友的離別：如〈酬答淑卿女士〉六首之三的「勸君休嘆異鄉人，等是天涯作客身。從古多愁本多病，莫將離合問前因。」（頁九八）㈣思親。㈤多病：如〈病中偶成〉四首之三：「病到知名藥不醫，調元養氣又嫌遲。人生至此眞無用，辜負光陰度歲時。」（頁一一四）不太看到抗日戰爭的辛苦，或愛國心與民族情愫，這或許是前後二期生活環境改變所致罷。（涂艷秋）

喜朝琴①胞兄還鄉

四首之一

去日干戈西又東②，浮萍蹤跡雁難通。
十年欲晤③渾如④夢，重見還疑是夢中。

【註釋】

① 朝琴：即黃朝琴，作者大兄。朝琴，字蘭亭，筆名超今、念臺。生於一八九七年，卒於一九七二年。曾當選臺灣省議會議長，擔任國賓飯店董事長。

② 干戈：干、戈皆兵器，用為「戰爭」之借代。

③ 晤：音ㄨˋ。相對、會面之意。

④ 渾如：直如、直似。杜甫〈峽中即事詩〉：「花氣渾如百和香。」

【鑑賞】

《金川詩草》不乏眷顧友于之作，足見其重視手足之情。此篇正表現兄妹久別重逢之情，眞摯感人。據悉朝琴對家中唯一的妹妹——金川，甚爲關愛，金川歸高雄陳啓清時，朝琴即自上海購得《四庫全書》千餘冊以爲妝奩，一時傳爲佳話。

詩一、二句說：「去日干戈西又東，浮萍蹤跡雁難通。」這是追述過去（昔日）戰爭遍地，大戰期間大兄朝琴復任職國外（美國舊金山總領事、印度加爾各答總領事）及中國（外交部甘肅特派員等），其蹤跡可說如浮萍般漂泊不定，而更令人難過的是，朝琴曾因「廣源輪案」，以國際法三案件起訴日本（充分展現其法律專業及外交才能），爲日人所忌，而日本治臺，對國外來函嚴加控管，戰爭期間朝琴之生死下落可謂無由知悉。這正是「雁難通」之故。古人時常祈借鴻雁傳書以交流信息，撫慰思念情懷，「雁難通」說明的即是書信久已斷絕。

音信隔絕，已令人心痛，偏偏時間又是那麼久長。「十年欲晤渾如夢」，這十年光景間，詩人想要與之會面相見，就像夢境一般地飄緲。據聞朝琴約十餘年與家人失去聯絡，當他返臺初見慈母時，長跪痛哭，激動不已。在烽火喪亂的年代，一家人能久離重聚，眞有相對如夢的欷噓和感嘆。結句說：「重見還疑是夢中」，把親人烽火後團聚之悲欣交喜之情，表露無遺。此句與杜甫〈羌村〉之「夜闌更秉燭，相對如夢寐」、晏幾道〈鷓鴣天〉：「今宵賸把銀釭照，猶恐相逢是夢中。」近似，流露了久別重逢，又驚又喜的情懷。

結尾雖僅短短十四字，卻含蘊豐富，深刻動人，有一股按捺不住的欣喜之情躍然紙上。金川之詩，無論是對人生的感嘆、友誼的珍重、落寞心情的抒發，或是感情意向的傾吐、親人友朋的繫念，皆非虛情矯飾，而是心曲的自然流露，這首詩正是最佳的體現。（許俊雅）

壽山①探勝

壽山景色四時同，絕頂登臨百慮空。
西子灣頭②流水碧，半屏峰外③夕陽紅。
鳳凰萬樹朝神社④，壁石三層禮學宮⑤。
覽勝人來應不老，朝朝相對感無窮。

【註釋】

① 壽山：位於高雄市鼓山西側，山路上林木稠密蒼翠，東面可俯瞰高雄港灣及市區全貌。另有打鼓山、萬壽山、麒麟山之稱。

② 西子灣頭：西子灣位於高雄西隅，北邊依偎著壽山，南面隔著小海峽與旗津島相對。風景秀麗天成，有綠濤、奇石、青巒等。

③半屏峰外：半屏山山峰外。半屏山，位於左營和楠梓交界處，在蓮池潭畔，而蓮池潭畔復有學宮。有關半屏山之所以剩半邊土石的神話傳說相當膾炙人口。

④神社：指壽山頂神社。位於壽山中腹海拔七十八公尺處，昭和四年（西元一九二九年）落成，奉祀日神大物主尊、日皇、征臺主將能久親王。光復後，改建為忠烈祠，奉祀革命烈士靈位。

⑤學宮：指鳳山縣學學宮。始建於康熙，迄光緒時，聖廟之殿後為崇聖祠，廟前有蓮池畔。日據後，大部分建物改為舊城國校用地，只剩崇聖祠，原有九間享堂，僅剩中央三間。

【鑑賞】

詩人佳句，每得江山之助；而江山勝跡，亦因詩人秀句而生色。對於未到高雄壽山探勝的人，讀了金川本詩，或將嚮往那情幽韻遠、清雋朗澈的壽山吧！高雄有了壽山，高雄港灣才顯出雄偉壯麗；也因有了壽山，西子灣明媚風光、弄潮戲水之樂更加迷人。

詩的前兩句：「壽山景色四時同，絕頂登臨百慮空。」一開始即先扣題：「壽山」，點出地點，而其下之描繪，當然即就「探勝」著墨。詩人來到壽山觀景覽勝，必然不只一回，也許一年中不同季節的當兒她曾親臨過，因此壽山美景令她頗有四時佳興與人同的感受。巍峨雄立的壽山本居高臨下，當詩人登臨山頂，下眺青碧柔美的西子灣，外望半屏山時，自然心怡神曠，百慮盡空。

三、四兩句就其登臨後，極目四望，俯眺青山碧水之景描寫。西子灣南端是壽山餘脈嵌入海澳之處，可說是依山傍海，絕勝之地。而曲線柔美的流水碧綠，應是海連天、天連水的眞實寫照。「半屏峰外夕陽紅」則寫出薄暮時分，夕陽映照在半屏山外，這兩句除了寫出山水景觀，令人洗滌塵俗外，它同時也是生機盎然的，並不因夕陽映照而心緒索然。因看到西子灣，我們就彷彿聽到「鼓灣濤聲」（打狗八景之一）；看到半屏山，就彷佛聞到「泮水荷香」，香氣浮動，波濤起伏，隱藏於字裡行間，令人忘情塵囂。而以下二句：「鳳凰萬樹朝神社，壁石三層禮學宮」，分就壽山、半屏山書寫人文之景。至此詩人之「探勝」，已全然盡入讀者眼底，我們發覺詩人對自然、人文之景，悉爲關注，可說是帶有人文思維、反省的「感性、知性兼具」之遊。

「鳳凰萬樹朝神社」，指壽山頂之神社。社爲日人所建，日據時期日總督推行皇民化運動，其時屢有朝拜神社之事；「壁石三層禮學宮」一句，則指位於半屏山蓮池潭畔的學宮。蓮池畔本是鳳山縣文廟（啓蒙文教的孔廟）的天然泮池，文風鼎盛。對於這些景致，詩人內心自有一份自得的逸趣，因此結尾時詩人忍不住發出讚歎驚喜之情：「覽勝人來應不老，朝朝相對感無窮。」此詩爲金川婚後之作，其時適卜居苓仔（雅）寮，距壽山不遠，故有此言。

《金川詩草》中觀景覽勝之作不少，其足跡亦遍及全臺各地名勝古蹟，如關子嶺、赤崁城、阿里山等皆有其芳蹤，這些詩作，旨趣高雅，在自然山水、人文景觀中，不僅豐富了其人生閱歷，也使詩人胸襟爲之更開闊。（許俊雅）

秋感

菊滿東籬香滿樓，不堪回首故園秋。
幾聲歸雁天將晚，萬里西風水自流。
以夢當醒醒作夢，是愁生病病添愁。
無求未得心安樂，幸福應須幾世修。

【鑑賞】

這是一首寫在秋天病中的感懷詩。

菊花在秋天盛開，最能代表秋日的庭園了。首句二個「滿」字將濃濃的秋意溢了出來，視覺上滿眼皆是，味覺裏瀰漫著濃濃的秋香，由此起興，引出二句深秋的鄉愁。

頷聯首句「幾聲歸雁天將晚」，歸雁亦是秋天特有的景象，幾隻呼朋引伴的歸雁看來似是一個有情的世界，點綴在「萬里西風水自流」浩瀚的無情世界裏，顯得多麼寥落！

在寥落孤寂的氛圍中，頸聯寫病中心緒以夢爲眞，醒時又覺人生似夢；病因愁生，病又添愁，「夢」、「醒」二字重出，撲朔迷離。「愁」、「病」二字重出，糾葛不清，久病的心情寫來透澈逼眞，似乎沒完沒了。

有了健康才有安樂幸福可言，尾聯因久病而感嘆自己的修養似乎無法克服病與愁。乃將幸福歸於宿命，無法強求。

詩題〈秋感〉，「秋」字加「心」字便是「愁」字。通篇之中瀰漫著一個大大的「愁」字。首句以代表秋天的菊花，意象鮮明的鋪陳出濃濃的秋意，用反襯手法安排兩個「滿」字，似乎在嘲弄著無法圓滿的人生。頷聯以「歸雁」對「西風」、以寥落對浩渺、以有情對無情、以有生命對抗無生命，其結果可想而知是前者被後者淹沒。頸聯對仗工整，寫久病纏綿的心情。直扣題旨，難分難解。尾聯呼應頸聯因久病而生的消極人生觀，貼切逼眞，令人無限同情。

此詩四用重出字，加強了音韻節奏之美，也加重了糾葛難清、沒完沒了的愁緒，金川素來體弱多病，料想這是她的深刻體驗。（廖一瑾）

孔方兄 二首之一

崎嶇世路總難平，貧富千秋聽化成。
底事窮人偏不助，是真懶慢不經營。

【鑑賞】

「孔方兄」三字，是錢的代稱。金川以此爲題，所撰兩首擬人化的詠物詩，可以看出她對金錢的想法。

第一首詩開端兩句，主要在說明世間貧富皆是由錢造成。「崎嶇世路總難平，貧富千秋聽化成」，人世的道路艱辛難行，處處充滿了坎坷和不平，而人的際遇各有不同，或貧或富，種種處境，都必須聽由金錢作主擺佈，眞正需要幫助的窮人，反而往往得不到金錢的青睞，「底事窮人偏不助，是眞懶慢不經營」兩句，即以略帶詼諧的口吻，譴責孔方兄的懶散、不事救貧的習性。全詩表面上詠錢的能力及本性，事實上，是在反映以金錢衡量貧富的社會現象，以及趨炎附勢、嫌貧愛富的社會心理。

「孔方兄」的稱呼，源自晉朝魯褒所撰〈錢神論〉一文。這篇文章以司空公子與綦毋先生二人的對話，極盡反諷之能的突顯世人對金錢的態度，其中描述錢的形狀，有云：「內則其方，外則其圓」，又言世人對之恭敬有加：「親愛如兄，字曰孔方；失之則貧弱，得之則富強。」古人鑄銅爲錢，外圓而中間方孔，可以絲繩串起，便於攜帶；又因錢乃人人所愛，關係至要，不可須臾離開，而這正是魯褒在文章中所以稱錢爲「孔方兄」的緣故。至清代葉承宗撰《孔方兄》雜劇，則更認爲稱兄太莽撞，應恭稱「孔方父親」，劇中並云：「甘心兒伏低做小，守著俺使鬼通神現世寶」，全劇亦以反諷的筆法生動的刻劃出世人對金錢諂媚崇拜的心態。

〈孔方兄〉第二首詩云：「世間萬事賴資成，使鬼神通實可驚。莫怪今人甘作弟，古來豪傑亦呼兄。」承接前首，更進一步強調金錢的力量。首句說明世間萬事無一不仰賴金錢方能完成，甚至金錢還能驅使鬼神，其力量可謂驚人。魯褒的〈錢神論〉中即言：「有錢可使鬼，而況于人乎？」，俗語亦有「有錢能使鬼推磨」的論調，即使鬼神也不能免俗；換言之，再棘手的事情，只要有錢，一切都可迎刃而解，世人之看重錢，由此可知。因此，金川此詩導引出「莫怪今人甘作弟，古來豪傑亦呼兄」的結論，金錢如此重要，無怪乎今人甘心俯首，自願稱弟，即連古來英雄豪傑，亦願意與之親近拉攏，尊之爲兄。此二句可說是全詩的警語，不但巧妙的扣合了題意，使擬人化的表現手法更爲具體，同時也流露了濃厚的諷世之意。

金川生長於富裕的家庭，又嫁至高雄陳家望族，錦衣玉食，當不虞匱乏，作品中出現這樣的題材，頗令人矚目。她對金錢的慨歎，還可以從另一首詩見出：「萬能從古說黃金，贏得金多眼轉深。名利勞人成底事，不如林下學清吟。」（〈謹和月華女士述懷瑤韻〉），多金使人更加貪婪，而汲汲營營，追逐名利，又眞正能得到什麼？還不如清淨自在的讀書吟詠。此中透露了金川對金錢的看待以及她單純、簡易的生活理念。

金川身處富貴，反而更有機會冷眼旁觀世態的炎涼，以及人情的澆薄勢利。多少人仗著財富胡作非爲，又有多少人爲了錢，放棄尊嚴，自我矮化。金川的感歎，使她保有了一份富貴中人難得的清醒與智慧。這兩首〈孔方兄〉絕句，明白淺顯，卻語帶機鋒，饒富深意，在金川衆多寫景抒情的詩篇中，可以說是風格別具、自出機杼的警世之作。（鍾慧玲）

落葉

歸雁傳秋訊，庭柯①已落黃。
聲微迷細雨，影淡暗斜陽。
瑟瑟②隨風急，紛紛③逐水忙。
新芽春可待，搖落莫悲傷。

【註釋】

① 庭柯：庭上的枝柯。柯音ㄎㄜ。樹枝。
② 瑟瑟：風聲。《文選》劉楨〈贈從弟詩〉：「瑟瑟谷中風。」
③ 紛紛：有雜亂或眾多之意。

【鑑賞】

詩人喜愛花木，詩中惜花憐木之情，時有所見。在這些專爲花木而寫的詩篇，詩人並不滯於花木之形貌，而力求掌握花木之個性，在審美觀照中融注自己的眞情實感。無論是昂挺不屈、芳香四溢的花樹，或乾枯色黃的落葉，往往都凝集著詩人內在的人格精神。

〈落葉〉一詩，其本上是詠物之作，但詩人宕開筆鋒，呈現出另一積極樂觀的情思。首聯點出時序已是秋季，相傳征雁爲避北地寒冷，每年飛至南方避寒（最遠至衡陽），待到明年來春方飛返。因此「雁」在詩中時與季節、思鄉有關。「歸雁傳秋訊，庭柯已落黃」，正寫出秋之爲氣，草木搖落的情景。「庭柯」是庭院的樹枝，「落黃」是葉子已枯黃。這兩句可說視聽雙寫，首句雖然寫的是「歸雁」形象，但「傳秋訊」與嘎嘎雁鳴相應，因此聽覺之描寫成分，不容置疑，猶如第三句「聲微迷細雨」，亦是有「雨」（視覺）有「聲」（聽覺）。「庭柯」一句與「影淡」一句，悉就視覺著筆。在秋天已來的訊息下，大地呈現出什麼景象呢？

詩的第三、四句（頷聯），寫出日暮時分，黃葉正爲細雨撲打，發出微細的聲音。此二句寫來一片迷茫、一片黯淡，凝塑出昏暗淒迷的氛圍。五、六句（頸聯），分別寫風與寫雨（水），傳神地寫出秋葉飄零之景。而加上「瑟瑟」、「紛紛」兩個極普通的疊字形容詞，更將落葉隨風飄落之急與量之多，生動烘托出來，正因「瑟瑟」故「急」；「紛紛」故「忙」，在秋雨霏霏，陰沉天地間，凝結成一層悵惘之薄霧，平添一種淒清、蕭瑟的感情色彩。而這足以觸發詩人複雜思緒之景。詩人的情感卻未隨之沈淪下去。

尾聯「新芽春可待，搖落莫悲傷」，寫出萬物之自然變化，雖然黃葉紛紛飄落，逐水而去，但來春新芽抽長，枝條必然又競發新綠，念及此，我們大可不必再悲傷。此詩結尾撇開落寞傷悲之思，而引出新的意境，頗具人情。而全詩亦以此收束，詩之精神、面目為之一新，耐人尋味，富有啓發。（許俊雅）

訪梅

破臘①山坳②一色新，疏枝點點最堪親。
憑風踐約傳初信，踏雪尋詩趁早春。
玉蕊含煙香似海，瓊肌映月潔無塵。
清高耐寒儂③偏愛，太息④林深未結鄰。

【註釋】

① 破臘：臘音ㄌㄚˋ。破臘即過了臘月之意。「臘」本祭名，古時十二月間舉行，後世因稱十二月爲臘月。

② 山坳：坳音ㄠ。山低窪不平之處。

③ 儂：音ㄋㄨㄥˊ。我之謂也。吳語，「汝」之聲轉。

④ 太息：嗟歎。

【鑑賞】

梅花由於不畏寒冷，堅貞高潔，幽香逸致，有君子的氣質，經常是詩人鍾愛的對象。有人頌梅的神韻，有人詠梅的風姿。金川詩中詠梅之作亦多，如〈梅花〉、〈嶺上梅〉等。本篇〈訪梅〉亦是佳作之一。此詩描寫白梅花的高潔芳香，美形之於外，亦隱之於內，堅貞自守，雖然寫物，亦是借物襯托出詩人之品格。

詩之首句「破臘山坳一色新」，言明時序已進入陰曆十二月，在百花紛紛凋零，還尚未綻放花朵之際，梅花卻早已讓人耳目一新。臘月是陰寒之天候，而梅花凌寒而開，正見其孤高獨特的天性。「一色新」準確捕捉了梅花的個性，同時說明了它花不及梅花早開之意味。「疎枝點點最堪親」，寫詩人最樂於親近那點點梅花，與尾聯「清高耐寒儂偏愛」相呼應。「疎」字原本作「梳」，疑誤。

「憑風踐約傳初信，踏雪尋詩趁早春」一聯用典，切當自然，毫無斧鑿痕人跡。相傳風與百花本訂有盟約，風因花起，花迎風開，二十四番信風造就了二十四品花容。因梅花爲始，所以說梅花「傳初信」或「獨占魁」，「初信」即第一信風，亦即指涉梅花。次言「踏雪尋詩趁早春」，化用某女尼之詩：「盡日尋春不見春，芒鞋踏破嶺頭雲。歸來偶把梅花嗅，春在枝頭已十分。」（見《鶴林玉露》引）這兩句將題目〈訪梅〉很眞切點出，尤其是化用某女尼詩之典故，將「訪」之深意傳達出來，否則可能只是「詠梅」、「嶺上梅」而已。點出梅花之後，詩人即就梅花特徵加以描寫。

「玉蕊含煙香似海，瓊肌映月潔無塵」二句，寫梅花香氣清淡，陣陣幽香傳得很遠，有如海面之廣遠；潔白的肌膚與明月相映照，是那樣超脫俗塵。詩人將梅花高雅潔白的姿色與暗香浮動的氣質，完全表露了出來。這兩句分就嗅覺與視覺經驗描繪，令人感受到梅花吐艷，香染林徑的「一色新」。結尾處詩人綰合到自己身上說：「清高耐寒儂偏愛」，然而也不免嘆息「林深未結鄰」，沒有鄰人朋友爲伴，是因其他花樹零落不堪，這是對梅花敬重之意，但同時也傳達了梅花超塵脫俗，處此林深不知處之所在，致使我不能常與之結伴爲鄰。全詩有動有靜，清靜而機趣洋溢。（許俊雅）

山風

萬頃①松濤②發浩歌，揚塵蔽日震天河③。
夜來觸起蒼龍④怒，雲海千尋⑤起白波。

【註釋】

① 萬頃：形容面積廣大。「頃」字原本作「傾」，疑誤。
② 松濤：松林風動的聲音。
③ 天河：銀河；天漢。
④ 蒼龍：形容老松或山勢。詩首句已有「松濤」，此處呼應題目，宜指「山」而言。
⑤ 千尋：謂極高、極深長。尋，八尺。

【鑑賞】

風是看不見、摸不著的東西，沒有形狀，也沒有顏色，要描寫這樣捉摸不定的東西，著實有些難。詩人這首〈山風〉，即就山中之風的作用與能力著手。

詩的第一句說：「萬頃松濤發浩歌」，寫風吹進松林所發出的聲音。「萬頃」是形容松林風動之聲，其聲勢不僅浩大，且有鋪天蓋地而來之迅猛態勢。首句可說是先聲奪人，爲描寫山風作鋪墊。第二句「揚塵蔽日震天河」，亦寫風之力量，塵土飛揚、日光遮蔽，震動了天河。風勢之大，足可彌天覆地。這兩句一就聽覺來寫，一就視覺著墨，視聽雙用以捕捉無形無色的風，使詩之意境生動而活潑而有立體感。在我國傳統詩歌中描寫大風能力之作並不多見，金川此詩首句頗似唐朝李嶠對風之描寫：「入竹萬竿斜」。李嶠從視覺下筆，金川則從聽覺設想，似乎我們聽到了每株松林發出的高歌，演奏出一支雄勃昂昂、撼天動地的交響樂。氣勢不凡，想像新穎奇特。

三、四句亦就風之能力描寫，但更扣緊了「山風」。「夜來觸起蒼龍怒，雲海千尋起白波」，「蒼龍」指山而言，「雲海」亦是從山頂下視所見之雲。前面寫畢風於白日之景象，詩人轉寫夜幕低垂時之情形。沈靜之夜爲山風聲勢所打破，風之怒吼，夜以繼日。而從山頂觀看白雲，只見雲海有如千尋之高的白浪。「千尋」未必是八千尺高，而是形容山風具有雷霆萬鈞之力，似有排山倒海之勢。唐代邊塞詩人岑參〈走馬川行奉送出師西征〉詩，寫新疆輪臺之風：「輪臺九月風夜吼，一川碎石大如斗，隨風亂滾滿地走。」對夜風嗚吼之力量有傳神之描繪。金川「雲海千尋起白波」白雲如同巨浪翻滾，大有席捲一切之氣勢。亦同其機杼。

此詩筆力奔放，語言明暢，在看似豪邁之中，作者細膩心思顯露無遺。在短短二十八字中，作者不著痕跡嵌入萬、千的數字，以形容風力之強；又分寫日、夜時風之變化，善狀奇境。詩風與詩人時常描寫的秀麗婉約景象不同，讀過此自然界壯美之詩，多少也喚起人們無比的豪情吧！（許俊雅）

附錄

附錄一：詩人和她的時代

許俊雅 編

年代（日據）	年代（西元）	年齡	生平與作品	藝術與文化	歷史
明治四十年	一九〇七	1	・出生於臺南鹽水港。 ・祖父黃錦興、父親黃宗海相繼逝世，母氏黃蔡寅夫人獨撐大局。	・臺北日僑渡邊常三郎，創辦「綠珊瑚」。（五月～一九一一年三月） ・館鴻森、宇野覺太郎合編：《竹風蘭雨集》。 ・吳新榮生於臺南佳里。	・臺北自來水工程興工。（三月六日） ・北埔事件。（十一月）
大正九年	一九二〇	14	・大哥黃朝琴入早稻田大學經濟科就讀，加入臺籍學生組成的「瀛士會」。	・臺灣青年雜誌社於東京成立。（七月十六日） ・周金波生於基隆市。 ・賴和由廈門博愛醫院掛冠歸來。 ・佐滕春夫來臺旅行。（七月～十月）	・臺灣留日學生成立「新民會」。（會長林獻堂） ・林獻堂、蔡惠如等籌設臺灣議會。

	大正十年
	一九二一
	15
	・入日本精華女高就讀。 ・二哥黃朝碧約是年入日本中學就讀。
・連橫刊行《臺灣通史》上、中冊。 ・嘉義朴雅吟社成立。 ・艋舺蔡石奇、王省三等人，組織「艋舺謎學會」。 ・基隆顏雲年刊行：《環鏡樓唱和集》。 ・臺北文形社出版西口紫溟之《南國物語》。	・賴和加入臺灣文化協會，並當選爲理事。 ・斗六街倡設「斗山吟社」。 ・臺北林述三等人創設「天籟吟社」。 ・甘文芳發表〈實社會與文學〉。 ・連雅堂刊行《大陸詩草》，收一二八首。 ・《大雅唱和集》刊行。 ・臺南佳里吳萱草等人創立「白鷗吟社」。 ・楊千鶴生於臺北。 ・連雅堂《臺灣通史》下冊刊行。 ・臺灣文化協會會報刊行。
	・廢止中國人登陸臺灣條例。 ・臺灣文化協會成立。 ・發起臺灣議會設置請願運動。 ・中國共產黨創立大會。

大正十二年	大正十三年
一九二三	一九二四
17	18
・大哥黃朝琴早稻田大學畢業，決意再赴美留學，十月入伊利諾州立大學政治研究所就讀。	・自精華女高畢。 ・返臺，拜施天鶴爲師。 ・有〈甲子除夕〉一詩。
・黃朝琴發表〈漢文改革論〉。 ・臺灣白話文研究會成立。 ・櫟社社友林少英等，別立「樗杜」。 ・無知發表中文小說：〈神秘的自制島〉。 ・臺南謝星樓發表文言小說：〈犬羊禍〉。 ・嘉義「尋鷗吟社」創立五週年，改稱「鷗社」。 ・板橋林景仁自廈返臺，設立「鍾社」，輯作爲《東海鐘聲》，後於《臺灣詩薈》發表。	・臺北「星社」同仁，創辦《臺灣詩報》。 ・連雅堂創辦《臺灣詩薈》。 ・林進發設立赤陽社，發行日文文藝雜誌《文藝》。 ・《臺政新報》改稱爲《新高新報》。 ・新舊文學論戰。張我軍發表：〈致臺灣青年的一封信〉、〈糟糕的臺灣文學界〉。
・臺灣議會期成同盟會成立。 ・臺北青年會以治安警察法被禁止結社。 ・關東大震災。 ・蔡惠如等創上海臺灣青年會。 ・辜顯榮組織「公益會」。 ・治警事件，四十九人被捕下獄，五十人受傳訊。	・第一次國共合作 ・臺灣文化協會舉行「全島無力者大會」對抗公益會召開的「全島有力者大會」。 ・文化協會大會於彰化召開。 ・中國國民黨於廣州首次全國大會

	大正十四年
	一九二五
	19
	·《臺灣詩薈》第十七、十九、二十號，分別刊出金川詩作：〈殘月〉、〈曉山〉、〈秋雨〉三詩。 ·大哥黃朝琴加入中國國民黨。
·石川欽一郎成立臺灣水彩畫會。 ·林亨泰生於彰化。 ·蔣渭水《入獄日記》於《臺灣民報》連載。 ·賴和出獄，留鬚。 ·張深切轉赴廣州，考入中山大學法科政治系。 ·許乃昌由莫斯科大學返北京。	·賴和、陳虛谷等人組成「流連思索俱樂部」。 ·張我軍入北平中國文學系，第二年轉入師範大學。 ·張維賢、張乞食聯合無產青年組成「臺灣藝術研究會」。 ·陳滿盈等人籌創「中央俱樂部」。 ·《人人》雜誌，由楊雲萍、江夢筆創刊。 ·張我軍《亂都之戀》（詩集）出版。 ·張維賢創刊《七音聯彈》。 ·羅秀惠創辦《黎華報》。 ·張我軍發表：〈絕無僅有的擊缽吟的意義〉，攻擊擊缽吟違背作詩原
。	·治警事件。 ·孫中山先生逝世。 ·五卅慘案發生。 ·上山滿之進任臺灣總督。 ·彰化蔗農發生二林事件。 ·臺灣總督府編《臺灣匪亂小史》。 ·王詩琅、王萬得組成臺灣黑色青年聯盟。

	年二和昭
	七二九一
	21
	・有〈震災行〉一詩。 ・有〈丁卯中秋即事〉一詩。 ・大哥黃朝琴由美直抵上海，以英文所著：《日本統治下之臺灣》，函請商務印書館出版，不果。 ・臺南文士組織「臺南共勵會」，會長黃欣（固園主人），會後開遊園
理。新舊文學論爭延燒。 ・新竹鄭霽光刊行：《成趣園詩鈔》。 ・瀛社社長洪以南，聚五十以上之吟友，成立「婆娑會」。 ・新竹鄭香圃設立「青蓮吟社」，指導青年學習作詩。	・蔡培火提倡羅馬字。 ・臺中中央俱樂部開設「中央書局」，以普及文化。 ・臺北市各吟社合辦：全島詩人大會。 ・《臺灣民報》允許在島內發行，移至臺灣刊行，篇幅大爲增加。 ・苗栗「栗社」成立。 ・連雅堂與黃春成合辦「雅堂書局」。 ・大陸文士王亞南遊臺，著有《遊臺吟稿》及《遊臺見聞錄》。 ・新竹鄭虛一刊行：《山色夕陽樓吟草》。 ・鄭坤五編《臺灣國風》。 ・楊華因治安維持法違犯被疑事件入
	・臺灣文化協會分裂。 ・臺灣工友總聯盟成立。 ・臺灣廣東臺灣青年團成立，創刊《臺灣先鋒》。 ・臺灣民衆黨呈請准許政治結社。後於臺中正式成立。 ・臺灣南部大地震，以鹽水爲烈。 ・第一回合全島農民組合召開大會於臺中。

	昭和四年	
	一九二九	
	23	
會，詩題〈固園聽鶯〉，金川有詩一首誌其事。	・有〈已巳春盡日作〉一詩。 ・與高雄望族陳中和先生八子陳啓清先生結婚。據聞，女士之兄朝琴自上海購得《四庫全書》千餘冊以爲妝奩，傳爲一時佳話。 ・有〈祝尋鷗吟社五週年大會〉、〈壽施梅樵老夫子六秩令旦〉詩。	・尊翁陳中和先
獄，寫成〈黑潮集〉。	・蔡培火於臺南武廟成立羅馬式白話文研究會。 ・連橫先後發表〈臺語整理之責任〉、〈臺語整理之頭緒〉二文。 ・張我軍畢業於北平師範大學。 ・朱鋒從廈門返臺，重新歸隊於臺灣民衆黨。 ・基隆市許世蘭、張一泓等創立「大同吟社」。 ・葉榮鐘發表：〈墮落的詩人〉、〈爲劇伸冤〉二文，皆引起筆戰。 ・藤原泉三郎編《無軌道時代》。 ・擬刊《金川詩草》，乞序於魏清德、王竹脩、趙雲石、黃欣、蔡哲人，諸氏撰有〈金川詩草序〉。	・擬刊《金川詩草》，乞序於施梅樵
・黑色青年聯盟事件。 ・中國四一二清共。	・臺灣總督府召開評議會，議決工業振興政策。 ・臺灣文協中委與農民組合合流，並擴大活動，被日警檢舉。 ・臺灣新文化運動領導人蔡惠如病逝。 ・日貴族議員石塚英藏任臺灣總督。	・中國左翼作家聯

昭和五年	昭和六年
一九三〇	一九三一
24	25
生仙逝。 ・長女秋蟾出生。 ・六月《金川詩草》由上海中華書局出版。胡適譽為「宗國遺音」，胡漢民題贈「故國有懷，清流如舊」。 ・兄黃朝琴任國民政府外交部亞洲司科員。	・兄朝琴脫離日本國籍。七月昇任外交部秘書。 ・次子田垣出生。（長子田錨為屏東萬丹望
、烏蒙明池。分別有〈黃金川女士詩草序〉、〈金川女士詩草序〉。 ・《臺灣新民報》第三三四號增闢「曙光」欄，徵集新詩，由賴和主編。 ・黃石輝等人掀起鄉土文學論戰。 ・全臺漢詩人於臺中公會堂舉行聯吟大會。 ・林斐芳編《明日》，四號後查禁。 ・趙雅福發行《三六九小報》。 ・《伍人報》、《臺灣戰線》、《洪水報》、《現代生活》、《赤道》、《新臺灣戰線》皆於是年創刊。 ・王松病逝於臺北。 ・臺南諸女詩人同創「秀英吟社」，蔡碧吟為社長。	・蔣渭水病逝大安醫院。 ・幣原臺大總長倡首於督府舉行「故天才雕刻家黃土水之遺作展覽會」為期三天。 ・臺灣文藝作家協會設立。 ・《臺灣新民報》開闢「歌謠」專欄，向全島徵集民間歌謠作品。
盟成立。 ・臺灣地方自治聯盟成立。 ・霧社事件，轟動國際視聽。 ・臺北、東京無線電話初試通話成功。 ・臺南市舉辦「臺灣文化三百年紀念會」十天。	・石塚為霧社事件負咎罷職，太田政弘繼任。 ・臺灣民眾黨舉行第四屆全臺代表大會，當場為日方下令禁止結社

	昭和七年
	一九三二
	26
族李開娥女士所生，時一九二八年，惜李氏生田錨不久病逝。）	・兄朝琴一月昇任外交部亞洲司第一科薦任三級科長。 ・三子田慶出生。
・賴和新《臺灣新民報》發表〈南國哀歌〉新詩，刊登一半遭腰斬。 ・張維賢由東京回臺，於臺北成立「民烽演劇研究所」。 ・在大龍峒孔子廟舉行「祭聖」，並舉行「全島詩人大會。」。 ・周石輝發行《詩報》。 ・櫟社創立三十周年鑄造詩鐘三架作爲紀念，並於東山別墅舉行隆重之儀式，梓行《櫟社沿革志》。 ・謝汝銓出刊《奎府樓詩》二卷。 ・天籟吟社同人創立藻香文藝社，並發行中文雜誌《藻香文藝》。 ・留日學生王白淵、吳坤煌等人共同創辦《臺灣文藝》。	・郭秋生、黃春成、賴和等組織南音雜誌社，並發行文藝雜誌《南音》。開闢「臺灣話文討論欄」引起賴明弘、黃石輝、莊遂性等人之筆戰。 ・高雄市青年設立「壽峰吟社」，延聘鮑樑臣，講解詩學。 ・《臺灣新民報》由週刊改爲日刊。
及活動。 ・假臺中州公會堂開地方自治聯盟大會。 ・九一八事變。	・一二八事變（上海事變）。 ・新竹州、竹南農民組合支部於大湖掀起民族運動，日政府大力彈壓及檢舉。 ・臺灣地方自治聯

	昭和八年
	一九三三
	27
	・四子田佑出生，一九四四年去世。 ・有詩〈壽李良臣先生令堂鄭太宜夫人八秩〉三首，刊《三六九小報》第二六四號。 ・《瀛洲詩集》刊有金川及二哥朝碧之照片，二人分別有詩入選該詩集。
・楊逵〈新聞配達夫〉刊《臺灣新民報》，刊登一半遭腰斬。 ・臺灣文藝作家協會舉行第二次座談會，繼續討論臺灣文化傾向問題。 ・臺灣總督府《臺日大辭典》發行。 ・《彰化崇文社紀念詩集》刊行，黃臥松編輯。	・林輝焜《不可抗拒的命運》出版，是臺灣首部日文長篇小說。 ・林欽賜編印《瀛洲詩集》，收錄全島詩人大會當選之詩作，附錄閨秀清音三十一首。 ・林朝崧《無悶草堂詩存》五卷二冊刊行。 ・臺灣愛書會出版《愛書》。 ・尤養齋、駱香林等創立「蓮社」及「奇萊蓮社」。 ・善化蘇東岳及閨秀詩人林秀，創立「淡如吟社」。 ・留日學生蘇維熊、張文環、巫永福、王白淵等人在東京組織臺灣藝術研究會，發行日文文藝雜誌《福爾摩沙》。
盟第一次大會。	・實施臺、日人通婚法。 ・日拓務省開重要會議否決臺民所提之臺灣地方自治案。並對臺民所提之臺灣議會設置案，表示堅決反對。 ・督府訂立「全臺灣山胞集團移住十年計畫」。 ・米穀統治令施行日本全國，唯臺灣、朝鮮、樺太三氏實施公定價

	昭和九年	昭和十二年
	一九三四	一九三七
	28	31
	・次女綺霞出生。	・五子田稻出生。 ・「廣源輪」一案發生，兄黃朝琴以豐富國
	・曾笑雲編《東寧擊缽吟集》。 ・《先發部隊》、《第一線》、《臺灣文藝》創刊。 ・臺北李騰嶽、黃福林、林絳秋等人，創設「巧社」，為臺灣唯一之詞社。 ・江亢虎帶日使命來臺，鼓吹東洋文化，於江山樓、彰化皆引人質疑，不歡而散。 ・高雄宋義勇邀集同志，創「壽社」。 ・九曲堂鄭坤五與鳳山人士陳春林等創「鳳崗吟社」。	・臺灣新民報社發行徐坤泉之小說集：《靈肉之道》。 ・臺北楊仲佐刊行：《網溪詩集》。 ・臺北陳鐓厚與田大熊，搜羅陳維英之聯文三百餘，編印：《太古巢聯
格，為日本農業恐慌轉嫁災難與殖民地之政策，臺灣損失尤大。	・日皇子誕生，頒恩赦詔公佈減刑令，全臺被減刑三千八百餘人。 ・公佈臨時米移入調節法施於日本，為此臺灣遭受巨虧。 ・日政府議決停止設置臺灣議會之運動。	・臺灣總督府令四月一日起禁止報刊雜誌使用中國白話文。 ・漢文書房被強制

	昭和十四年
	一九三九
	33
際法學識，贏得勝利。	·六子田民出生。 ·《風月報》第七七期正月號上卷「詩壇」，刊金川詩〈酬淑卿女士賜教〉六首。
集》。 ·郁達夫應日政府之聘，來臺考察。 ·大阪朝日新聞臺灣版，特闢：南島文藝欄，收載日臺作家日文作品。 ·張文環〈父之顏〉入選《中央公論》，選外佳作；龍瑛宗〈植有木瓜樹之小鎮〉入選《改造》之選外佳作。	·《臺灣新民報》發行吳漫沙白話文長篇小說集：《韮菜花》。 ·林履信由上海商務印書館出版：《蕭伯納的研究》。 ·林幼春病卒。 ·臺北日僑組織臺北詩人協會，創刊雜誌：《華麗島》。 ·板橋林景仁，逝於滿州。 ·彰化賴和、楊守愚、吳蘅秋、陳虛
廢止。 ·七七盧溝橋事變。中日戰爭爆發，日政府並對臺民發出警告，禁止所謂「非國民之言論」。 ·臺灣地方自治聯盟解散。 ·第二次國共合作。 ·南京大屠殺。 ·公佈「事變特別稅令」，於臺開始橫徵暴斂。	·小林總督於赴東京途次對記者稱，治臺重點爲皇民化、工業化與南進三政策。 ·公佈米配給統治制規則。 ·臺中州開始所謂「米穀貢獻報國

	昭和二十年	民國三十五年
	一九四五	一九四六
	39	40
	・有〈喜朝琴胞兄還鄉〉詩。 ・兄黃朝琴於日本投降後，奉派為外交部駐臺北特派員兼臺北市長。	・大兄黃朝琴五月當選參議會議長。十月任臺灣工商銀行籌備處主任委員。 ・夫婿陳啓清膺任第一屆制憲國民大會第一屆代表。
谷等人，成立「應社」。 ・臺北日孝書房以西川滿為主編，創辦《臺灣風土記》雜誌。	・臺灣總督府情報課編《決戰臺灣小說集》（坤之卷）。 ・鍾理和《夾竹桃》由北平馬德增書店印行。 ・吳濁流《胡太明》（《亞細亞的孤兒》）完稿。 ・《一陽周報》、《政經報》、《新新》、《新風》、《新聲》、《臺灣新生報》於日本投降後相繼創辦。	・《人民導報》、《臺灣民聲日報》、《中華日報》、《自由日報》發刊。 ・《臺灣文化》創刊，主編為楊雲萍。 ・臺灣文化界呈現「建設臺灣新文化」、「建設三民主義的模範省」等標語口號。 ・《新新》召開座談會：談臺灣文化的前途。
運動」，實為侵略戰爭而強制徵糧之運動。	・聯合國發表菠茨坦宣言。 ・日本無條件投降。 ・成立臺灣省行政長官公署。 ・公佈臺灣省姓名回復辦法。 ・臺灣文化協進會成立。	・國語普及委員會成立。 ・臺灣省教育會、臺灣省編譯館成立。 ・臺灣省光復致敬團林獻堂等飛往上海。 ・國共停戰協定。 ・中國作家來臺—

	民國三十六年	
	一九四七	
	41	
	・三女麗霞出生。 ・夫婿陳啓清任臺灣工商銀行常務董事，兄黃朝琴任董事長。（至一九四八年十一月止）。	・有〈戊子中秋〉一詩。 ・中華民國商會全國聯合會，
・魯迅逝世十週年紀念，《臺灣文化》、《新生報》皆推出特刊。 ・龍瑛宗主編《中華日報》日文版文藝欄。（三月十五日～十月廿四日）。	・王白淵執筆《臺灣年鑑》之〈文化篇〉，完成發表。 ・何欣擔任新生報「文藝」副刊主編。 ・鍾理和因肺病入松山療養院，割去肋骨七根，住院三年餘。 ・《新生報》「橋」副刊創刊，由歌雷（史習校）主編。 ・《自立晚報》創刊，發行人吳三連。	・張文環、廖漢臣擔任臺灣省通志館編纂。 ・王詩琅任臺灣和平日報主筆。 ・國語日報創刊，發行人洪炎秋。
—李霽野、臺靜農、黃榮燦、黎烈文、雷石榆等。 ・禁止報刊雜誌使用日語。 ・國民政府在臺灣實施徵兵制。（一九四六年九月三日～一九四八年一月）。	・二二八事件爆發。 ・成立二二八事件處理委員會。 ・國民政府軍第廿一師團登陸基隆。 ・廢臺灣省行政長官公署，改爲省政府。魏道明就任省主席。	・許壽裳被殺。 ・實施動員戡亂時期臨時條款。 ・美國經濟援助臺

年代	民國三十七年	民國四十四年	
西元	一九四八	一九五五	
年齡	42	49	
個人事蹟	於上海召開第二屆會員代表大會，夫婿陳啓清前往赴會，並當選爲該會常務理事。	・長子田錨結婚。	・獲高市模範母親。《中國詩文之友》介紹金川女士之詩作。
文學事件	・銀鈴會發行中日文混合的油印詩刊：《潮流》。 ・楊逵主編《臺灣文學叢刊》。 ・吳濁流《菠茨坦科長》撰就。 ・王詩琅〈臺灣新文學運動史稿〉，刊《南方週報》第三期。	・邱永漢《香港》獲日本第三十四屆眞木賞。 ・王詩琅任《學友》雜誌主編。 ・張我軍肝癌病逝，年五十四。 ・中國婦女寫作協會成立。 ・蔣介石提倡「戰鬥文藝」。 ・《新新文藝》創刊，主編古之虹。 ・《詩與音樂》創刊於高雄，主編蔡天予、朱沈冬。	・郭良蕙《心鎖》遭查禁。 ・《中華雜誌》、《文藝沙龍》創刊。 ・覃子豪歿。 ・尾崎秀樹《近代文學の傷痕》（後
大事	灣。 ・「臺灣再解放聯盟」向聯合國請願臺灣託管。 ・臺灣省新聞業同業公會成立。 ・臺灣銀行發行一萬元券。	・立法院通過中美共同防禦條約。 ・孫立人事件。 ・周恩來發表聲明，不准外國干涉臺灣問題。 ・大陳島住民一萬四千餘人全部撤退臺灣。	・農復會發表本年度農業貸款六億元。 ・第三屆臺灣省議會成立。

民國五十二年	民國七十年	
一九六三	一九八一	
57	75	
・兄黃朝琴當選中國國民黨第九屆中央常務委員。卸任十七年臺灣省最高民意機關議長職位。	・三月高雄鴻銘行彩色印刷廠據《金川詩草》第一版影印出版。	十月八日病逝，享年八十四歲。
易名為《舊植民地文學の研究》）。 ・吳濁流《瘡疤集》出版。	・李喬獲第四屆吳三連文學獎。 ・《李敖千秋評論叢書》開始刊行。 ・劉心皇編《當代中國新文學大系》（史料與索引）。 ・《光復前臺灣作家作品集・寶刀集》出版。 ・張良澤編《吳新榮全集》。 ・薛茂松主編《當代文藝作家筆名錄》。 ・亞洲華文作家會談在臺北揭幕。 ・《書評書目》停刊，共發行一百期。	・賴和紀念館開設。 ・王禎和歿。
・花蓮港開放為國際港。 ・高雄縣長余登發被停職。 ・嚴家淦就任行政院長。 ・周鴻慶事件。 ・甘乃迪總統遇刺。	・國家賠償法正式施行。 ・臺灣省縣市長、省議員、直轄市市議員選舉。 ・武陵機房自動電話正式開放，臺灣區全自動化工程宣告完成。 ・陳文成事件。 ・行政院成立文化建設委員會。	・反對建造蘭嶼國家公園運動。

民國七十九年	
一九九〇	
84	
出殯當日（十月廿八日）子女印發兩本簡冊介紹女士的生平事蹟。十、十一月各報刊有金川逝世消息，並撰文紀念。如：陳長華〈閨秀詩人黃金川逝矣〉、黃俊傑〈春到人間獨早知〉、林若雩〈清流長作舊時聲〉、李文雄〈當年四庫添妝、金川長眠伴書香〉、陳淑美〈臺灣古典詩學的傳缽者〉等，李安和並譜金川詩〈夜思親〉，教唱於臺北實踐家專。	
・臺靜農病逝。 ・葉石濤《臺灣文學的悲情》、《走向臺灣文學》、《西拉雅族的末裔》出版。 ・袁良駿《白先勇論》在臺出版。 ・臺灣人權促進會編《臺灣一九八七——一九九〇人權報告》。	
・郝柏村就任行政院院長。 ・伊朗攻打科威特。 ・召開國是會議。	

附錄二：作者簡介

吳彩娥

國立政治大學文學博士
現任國立彰化師範大學國文系副教授
著有《清代宋詩學研究》及中國古典詩歌及詩學論文十數篇。

胡幼峯

私立東吳大學文學博士
現任私立輔仁大學中文系副教授
著有《金詩研究》、《沈德潛詩論探研》、《清初虞山派詩論》等書及中國詩學論文二十餘篇。

侯迺慧

國立政治大學文學博士
現任國立中興大學法商學院共同科副教授
著有《詩情與幽境——唐代文人的園林生活》、《宋代園林及其生活文化》等書及中國古典詩歌論文數篇。

涂豔秋

國立政治大學文學博士
現任國立中正大學中文系副教授

許俊雅

著有《僧肇思想探究》、《荀子禮學研究》等書及佛學等相關論文數篇。

國立臺灣師範大學文學博士

現任國立臺灣師範大學國文系副教授

曾獲第十七屆巫永福文學評論獎

著有《臺灣寫實詩作之抗日精神研究》、《日據時期臺灣小說研究》、《臺灣文學散論》、《文學臺灣——從現代到當代》、《臺中縣文學發展史（日治篇）》、《讀你千遍也不厭倦——坐看臺灣小說》、《中國古典詩歌欣賞系列》（合著）等書及單篇論文二、三十篇。編有《楊守愚詩集》、《臺灣文學研究論文目錄》等。

廖一瑾

私立中國文化大學文學博士

現任私立中國文化大學中文系副教授、《漢詩之聲》雜誌發行人、中華民國漢詩學會副理事長

著有《評述花間集暨其十八作家》、《臺灣詩史》等書及臺灣古典詩歌論文數篇。

鄭文惠

國立政治大學文學博士

現任國立政治大學中文系副教授

著有《明人詩畫合論之研究》、《明代詩畫對應關係之探討——以詩意圖、

題畫詩爲主》、《詩情畫意——明代題畫詩的詩畫對應關係》、《王紱》、《錢選》等書及中國古典詩歌、詩畫理論論文數篇。

蔡榮婷

國立政治大學文學博士

現任國立中正大學中文系副教授

著有《景德傳燈錄之研究——以禪詩啓悟弟子之方法爲中心》、《唐代詩人與佛教關係之研究——兼論唐詩中的佛教語彙意象》及中國佛教文學、中國古典詩歌、唐代文學等論文數篇。

蕭麗華

國立臺灣大學文學博士

現任國立臺灣大學中文系副教授

著有《論杜詩沈鬱頓挫之風格》、《古今詩史第一人——杜甫》、《道心禪悅一詩佛》、《元詩之社會性與藝術性》、《唐代詩歌與禪學》等書。

鍾慧玲

國立政治大學文學博士

現任私立東海大學中文系副教授

著有《皎然詩論之研究》、《清代女詩人研究》等書及中國古典詩詞論文數篇。

國家圖書館出版品預行編目資料

金川詩草百首鑑賞 / 陳黃金川原著 ： 鄭文惠等〔評註〕. -- 初版. -- 臺北市 ： 文史哲, 民86

面； 公分. --（臺灣近百年研究叢刊；5）

ISBN 957-549-079-7（平裝）

851.486　　86005751

臺灣近百年研究叢刊 ⑤

金川詩草百首鑑賞

原著者：陳黃金川

總審訂：羅宗濤

主編者：鄭文惠

作者：鄭文惠　廖一瑾　侯迺慧
涂艷秋　許俊雅　吳彩娥
鍾慧玲　蕭麗華　蔡榮婷
胡幼峯

督印者：陳啓清先生慈善基金會

出版者：文史哲出版社

登記證字號：行政院新聞局局版臺業字五三三七號

發行人：彭正雄

發行所：文史哲出版社

印刷者：文史哲出版社

臺北市羅斯福路一段七十二巷四號

郵政劃撥帳號：一六一八〇一七五

電話：(〇二)三五一一〇二八

定價新臺幣四六〇元

中華民國八十六年六月初版

ISBN 957-549-079-7